Phonothek

Deutsch als Fremdsprache

Arbeitsbuch

Herausgegeben von
Eberhard Stock und Ursula Hirschfeld

LANGENSCHEIDT · VERLAG ENZYKLOPÄDIE
Leipzig · Berlin · München · Wien · Zürich · New York

Phonothek

Deutsch als Fremdsprache

Arbeitsbuch

Herausgeber:
Eberhard Stock und Ursula Hirschfeld

Autoren der Beiträge:
Helga Dieling, Ruth-Brigitte Fredrich, Ursula Hirschfeld, Christian Keßler, Barbara Langhoff, Kerstin Reinke, Annemargret Sarnow, Lothar Schmidt, Edith Schramm, Eberhard Stock

Zeichnungen: Andreas Flad (Illustrationen, soweit im Quellenverzeichnis nicht anders angegeben)
Matthias Weis (Übersichten)

Phonothek
Deutsch als Fremdsprache

Arbeitsbuch	ISBN 3-324-00707-0
Lehrerhandreichungen Phonetische und didaktische Einführung	ISBN 3-324-00708-9
2 Audiocassetten	ISBN 3-324-00709-7

Auflage:	5.	4.	3.	Letzte Zahlen
Jahr:	03	02	2001	maßgeblich

Druck: Druckhaus „Thomas Müntzer“, Bad Langensalza
Printed in Germany
ISBN 3-324-00707-0

Inhalt

Arbeitsempfehlungen

Wer eine gute Aussprache hat, wird zu Recht bewundert. Er hat es leichter, an Gesprächen teilzunehmen, er kann gut verstehen und wird gut verstanden.

Die PHONOTHEK will Ihnen helfen, Aussprachefehler zu korrigieren und die richtige Verwendung der Intonation sowie eine korrekte Aussprache von Vokalen und Konsonanten zu lernen. Dabei werden Sie Ihre sprachliche Kompetenz auch insgesamt erweitern.

Sie brauchen dafür natürlich etwas Zeit, Geduld und Energie. Aber es wird nicht langweilig und ermüdend sein. Sie haben sicher viel Spaß dabei, denn Sie erwartet ein unterhaltsames und abwechslungsreiches Material. Und es gibt viele „phonetische Bonbons" – Sprachspiele, Rätsel, Zungenbrecher, literarische Texte ...

PHONOTHEK bedeutet „Angebot". Die Zahl der Lektionen und Übungen ist groß, so daß Sie wählen können, was und wie Sie üben möchten. Wenn Sie Ihre phonetischen Probleme schon kennen, sollten Sie selbst festlegen, welche Lektionen für Sie wichtig sind. Übungen, die Ihnen zu leicht oder zu schwer sind, können Sie auslassen.

Wenn Sie Ihre Aussprache insgesamt kontrollieren und verbessern wollen, können Sie die PHONOTHEK auch ganz systematisch durcharbeiten. Beginnen Sie dann mit den Lektionen zur Intonation. Akzentuierung, Rhythmus und Melodie bestimmen den Klang der Sprache, sie sind für das Sprachverstehen von entscheidender Bedeutung.

Sie werden den Aufbau der PHONOTHEK schnell erkennen und keine Schwierigkeiten damit haben. Deshalb nur einige Hinweise dazu:

1 Spalten

Die Seiten im Arbeitsbuch bestehen aus zwei Spalten. Alles, was zum Üben in der ersten Phase gebraucht wird, befindet sich in der linken Spalte. Das sind die Übungsaufgaben, die Muster sowie Beispiele und Texte zum Mitlesen und zum Verändern.

In der rechten Spalte stehen Regeln und Übersichten zu den Laut-Buchstaben-Beziehungen. Hier finden Sie auch die Lösungen und alle Texte, die nicht gleich beim ersten Hören mitgelesen werden sollen.

Bitte verdecken Sie zunächst die rechte Spalte. Versuchen Sie, die Lösung selbst zu finden und die Beispiele nur durch das Hören zu verstehen und zu üben. Zum Vergleich und zum Weiterarbeiten können Sie dann anschließend die rechte Seite ansehen.

2 Übungstypen

Einfache Hörübungen

Sie hören Texte, die den Lektionsschwerpunkt enthalten und bewußtmachen. Sie können sie je nach Aufgabenstellung entweder mitlesen oder zunächst ohne Vorlage anhören. Es sind in der Regel die erste und die letzte Übung jeder Lektion.

Spezielle Hörübungen

Sie hören Wörter, Wortgruppen, Sätze oder Texte und sollen Ihr Hörergebnis z. B. unterstreichen, ankreuzen, transkribieren (durch Umschriftzeichen festhalten) oder aufschreiben. Sie können kontrollieren, ob Sie richtig gehört haben.

Nachsprech- und Leseübungen

Sie wiederholen Beispiele, die Sie vom Band hören, oder Sie lesen schriftlich vorgegebene Beispiele laut. Auch die „Bonbons" sind dafür geeignet.

Produktive Übungen

Wie im Musterbeispiel reagieren Sie auf den schriftlich oder mündlich vorgegebenen Impuls. Sie bilden neue Wörter (z. B. Antonyme oder Komposita), neue grammatische Formen (z. B. den Plural), Sie antworten auf Fragen, Sie bilden Sätze usw. Ihr Ergebnis können Sie mit der Lösung auf der rechten Seite vergleichen.

Übungen mit emotionalen Sprechvarianten

In den meisten Lektionen gibt es Übungen, in denen Emotionen wie Freude, Ärger, Aufregung auszudrücken sind. Versuchen Sie, sich die beschriebene Situation vorzustellen und die Sprechweise zu erkennen und zu imitieren.

Übungen zum freien Sprechen

In den meisten Lektionen gibt es eine Übung, in der Sie mit Hilfe von Stichwörtern ein Gespräch führen, etwas beschreiben oder erzählen sollen. Für diese Übungen gibt es keine Lösungsvorgabe. Machen Sie eine Tonbandaufnahme und spielen Sie sie einem Muttersprachler oder Ihrem Lehrer vor. Auch die Zeichnungen am Ende jeder Lektion eignen sich als Vorlage zum Beschreiben oder zum Erzählen einer Geschichte.

3 Tonbandübungen

Zu einem großen Teil der Übungen gehört eine Tonaufnahme. Sie ist mit 🎧 hinter der Übungsnummer gekennzeichnet. Die Aufnahmen demonstrieren ein Muster oder geben – bei den produktiven Übungen – die Lösung einer Aufgabe an.

4 Empfehlungen für das Weiterarbeiten

Um einen anhaltenden Übungseffekt zu sichern, um also Klangmuster zu speichern und Sprechbewegungen zu automatisieren, wird es nicht ausreichen, die Übungen nur einmal zu machen. Wiederholen Sie die Hörübungen in bestimmten Abständen, bis Sie keine Fehler mehr machen. Wiederholen Sie auch die Nachsprechübungen mehrmals. Lesen Sie die Beispiele und Texte, die auf dem Tonband sind. Sprechen Sie sie selbst auf Band, vergleichen Sie die Aufnahme mit dem Muster und lassen Sie sich korrigieren.

Wenn Sie eine Lektion zum ersten Mal durcharbeiten, werden Sie sich sicher genau an die vorgegebene Aufgabenstellung halten. Beim Wiederholen jedoch – und das empfehlen wir Ihnen sehr – sollten Sie versuchen, zu variieren und kreativ zu werden. Hier einige Anregungen:

- Sie können die ursprüngliche Aufgabenstellung verändern: Hörübungen nachsprechen oder lesen, Beispiele aus Leseübungen in Kontexten verwenden, produktive Übungen zu zweit – als Dialog – sprechen usw.
- Sie können in allen Übungen den Lektionsschwerpunkt markieren, z. B. in der Lektion A-Laute das lange A unterstreichen. Sie können das auch lektionsübergreifend tun, also auch in anderen Lektionen das lange A unterstreichen. Genauso können Sie überall die Wortakzente eintragen, wenn Sie damit Probleme haben und die Wortakzent-Lektion Ihnen schon langweilig wird.
- Alle Tonbandaufnahmen, auch wenn es sich um Hörübungen handelt, können Sie nutzen, um synchron mitzu„brummen“ oder zu „summen“, mitzusprechen oder mitzulesen. So machen Sie sich mit den intonatorischen Besonderheiten des Deutschen vertraut. Sie können Pausen, Melodiebewegungen und Akzente erkennen und imitieren und sich auch an ein normales Sprechtempo gewöhnen.
- Sie können die Übungsbeispiele laut, leise, schnell, langsam, hoch und tief sprechen oder vorlesen. Das ist keine Spielerei, sondern hilft Ihnen, sich auszuprobieren und die phonetischen Merkmale in unterschiedlicher Sprechweise zu realisieren. Auch emotionale Formen gehören dazu. Sprechen Sie die Beispiele auch einmal sehr freundlich, sehr ärgerlich, verwundert oder ironisch. Einige Übungen sind ja ohnehin emotional angelegt und können Ihnen Anregungen dazu geben.
- Versuchen Sie, beim Sprechen Körperbewegungen und Gesten einzusetzen:
  - Zeigen Sie, wie die Melodie verläuft und wo eine Pause gemacht wird.
  - Klatschen Sie in die Hand, schlagen Sie auf den Tisch oder stampfen Sie mit dem Fuß, wenn Sie eine Silbe hervorheben.
  - Führen Sie die Hand in großem Bogen zur Seite, wenn der Vokal lang ist, schlagen Sie kräftig nach unten, wenn er kurz ist.
  - Ballen Sie bei gespannten Vokalen und Konsonanten die Faust.

Sie werden merken, daß es Ihnen leichter fällt, Körperbewegungen zu steuern als Sprechbewegungen. Da beides miteinander verbunden ist, können sie mit Gesten und Bewegungen des Körpers Ihre Aussprache beeinflussen und verbessern.

- Finden Sie für alle Übungstypen weitere Beispiele! Aktualisieren, erweitern und ergänzen Sie die Lektionen durch eigene Übungen, machen Sie sich ein eigenes Material.
- Sehen Sie sich die Übersichten über die Laut-Buchstaben-Beziehungen an und merken Sie sich die Transkriptionszeichen. Sie gehören zum Internationalen Phonetischen Alphabet (IPA) und werden auch in anderen Sprachen verwendet. Mit ihrer Hilfe können Sie in Wörterbüchern und im DUDEN selbst die Aussprache schwieriger Namen und Wörter nachschlagen.

Wenn Sie sich dafür interessieren, finden Sie am Ende dieses Arbeitsbuches eine Einführung in die deutsche Phonetik. Auch das Lehrerheft enthält ausführliche Informationen zur PHONOTHEK und zur deutschen Phonetik, u. a. Regeln und Übersichten zur Intonation, zu den Vokalen und zu den Konsonanten.

Wir wünschen Ihnen viel Spaß und viel Erfolg!

1 Wortakzentuierung

Übung 1

Sie hören zu Beginn einen kurzen Dialog.
Lesen Sie still mit!

– Wie heißt der König? August?
– Nein, August. Der König heißt August, der Monat aber heißt August.
– Dann heißt es: August der Erste.
– Ganz recht. August der Erste, aber: der erste August.
– August, August, das hab ich nicht gewußt.

Wortakzentuierung = Festlegung einer Silbe im Wort als Akzentstelle. Diese Akzentstelle kann einen Satzakzent tragen.

Wörter können sich allein durch den Akzent unterscheiden, z. B. *August – August.*
Zeichen für die Wortakzente: betonter langer Vokal bzw. Diphthong wird unterstrichen (_), betonter kurzer Vokal unterpunktet (.)

1.1 Deutsche Wörter

Übung 2

Hören Sie und unterstreichen Sie die Akzentsilbe!

Tie-fe → Tiefe

1 Bit-te
2 Schu-le
3 Stun-de
4 Tas-se
5 Ge-biet
6 Be-griff
7 Be-such
8 ge-nug

Lesen Sie jetzt die Wörter laut!
Beachten Sie den Akzent!

Lösung

Bit-te
Schu-le
Stun-de
Tas-se
Ge-biet
Be-griff
Be-such
ge-nug

Übung 3

Sie hören Wortpaare.
Beachten Sie den Akzent auf dem Vokal der Stammsilbe!

1
2
3
4

Die meisten deutschen Wörter werden auf der Stammsilbe (dem Stammvokal) akzentuiert: *bieten – Gebiet.*

bieten – Gebiet
suchen – Besuch
rufen – Beruf
gesund – Gesundheit

5
6
7
8

singen – Gesang
kennen – bekannt
Erfolg – erfolgreich
holen – Erholung

Lesen Sie jetzt die Beispiele laut!
Suchen Sie weitere Wortpaare!

Gesagt – getan!

Übung 4

Hören Sie zu und sprechen Sie nach!

1
2
3
4
5
6

arbeiten, ich arbeite
der Arbeiter, die Arbeiterin
bearbeiten
antworten, ich antworte
sich verantworten
die Verantwortung

Finden Sie weitere Wörter mit dem Stamm *arbeit-* bzw. *antwort-*!

Erst die Arbeit, dann das Vergnügen.

Übung 5

Wörter und Wortgruppen

Hören Sie zu und sprechen Sie nach!

1
2
3
4
5
6

Beachten Sie, daß kurze Vokale auch unter Akzent kurz bleiben!

bitten – ich bitte Sie
halten – halt mal
schneller – geh schneller
morgen – komm morgen
hübscher – viel hübscher
öfter – frag öfter

Lesen Sie jetzt die Beispiele laut!

Verdienen ist besser als Wünschen.

Übung 6

Berufe

Bilden Sie zu folgenden Substantiven die femininen Formen!
Achten Sie darauf, daß die Stammbetonung erhalten bleibt!

der Arzt → die Ärztin – die Ärztinnen

1 der Arzt
2 der Schüler
3 der Lehrer
4 der Maler
5 der Künstler
6 der Leiter
7 der Fahrer
8 der Sänger

Lesen Sie jetzt die Beispiele laut!

Lösung

die Ärztin – die Ärztinnen
die Schülerin – die Schülerinnen
die Lehrerin – die Lehrerinnen
die Malerin – die Malerinnen
die Künstlerin – die Künstlerinnen
die Leiterin – die Leiterinnen
die Fahrerin – die Fahrerinnen
die Sängerin – die Sängerinnen

Übung 7

Bilden Sie zu folgenden Adjektiven die Steigerungsformen!

wirk*sam* → wirk*sam*er – am wirk*sam*sten

1 langsam
2 seltsam
3 sparsam
4 erholsam
5 mühsam
6 bedeutsam

Lesen Sie jetzt die Beispiele laut!
Suchen Sie weitere Wörter mit *-sam*!

Achten Sie darauf, daß das Suffix *-sam* nicht betont ist!

Lösung

langsamer – am langsamsten
seltsamer – am seltsamsten
sparsamer – am sparsamsten
erholsamer – am erholsamsten
mühsamer – am mühsamsten
bedeutsamer – am bedeutsamsten

Übung 8 (1. Teil)

Sie hören Wörter mit *-un*.
Sprechen Sie bitte nach!

1
2
3
4
5
6

Wörter mit dem Präfix *un-* werden auf dieser Silbe meist akzentuiert: *unruhig*.

unruhig
unbekannt
undeutlich
unfreundlich
unglücklich
ungern

Übung 8 (2. Teil)

Bilden Sie zu folgenden Adjektiven die Antonyme mit *un-*!

fähig → unfähig

1 klar
2 gültig
3 pünktlich
4 genau
5 abhängig
6 angenehm

Lesen Sie die Adjektive mit ihren Antonymen laut!
Suchen Sie weitere Beispiele mit *un-*!

Lösung

unklar
ungültig
unpünktlich
ungenau
unabhängig
unangenehm

Das Unglück kommt ungebeten.

Übung 9

Bilden Sie Substantive mit *ur-* und lesen Sie sie laut!

der Wald → der Urwald

1 die Sache
2 die Geschichte
3 die Aufführung
4 die Großmutter
5 der Großvater
6 die Großeltern

Wörter mit dem Präfix *ur-* werden auf dieser Silbe akzentuiert: *Urwald.*

Lösung

die Ursache
die Urgeschichte
die Uraufführung
die Urgroßmutter
der Urgroßvater
die Urgroßeltern

Urlaub im Urwald

Ich geh im Urwald für mich hin,
wie schön, daß ich im Urwald bin.
Man kann hier noch so lange wandern,
Ein Urbaum steht neben dem andern.
Und an den Bäumen Blatt für Blatt
hängt Urlaub. Schön, daß man ihn hat.

Heinz Erhard

Übung 10

Bilden Sie zu folgenden Substantiven Wörter auf *-ei*!

Das Suffix *-ei* wird immer akzentuiert: *Bäckerei.*

der Bäcker → der Bäcker – die Bäckerei

1 der Bäcker
2 der Konditor
3 der Gärtner
4 der Drucker
5 der Buchbinder
6 der Fleischer

Suchen Sie weitere Beispiele!

Lösung

die Bäckerei
die Konditorei
die Gärtnerei
die Druckerei
die Buchbinderei
die Fleischerei

Übung 11 (1. Teil)

Sie hören Buchstabenwörter.
Sprechen Sie bitte nach und akzentuieren Sie besonders deutlich!

Buchstabenwörter werden auf dem letzten Buchstaben akzentuiert.

→ AOK

1
2
3
4
5
6

DGB
ÖTV
GEW
DAAD
IHK
EU

Übung 11 (2. Teil)

Und nun die Langformen.

Bilden Sie dazu jetzt die Buchstabenwörter! Unterstreichen Sie die entsprechenden Buchstaben!

Allgemeine Ortskrankenkasse → AOK

1 Deutscher Gewerkschaftsbund
2 Gewerkschaft für Öffentliche Dienste, Transport und Verkehr
3 Gewerkschaft Erziehung und Wissenschaft
4 Deutscher Akademischer Austauschdienst
5 Industrie- und Handelskammer
6 Europäische Union

Lösung

DGB
ÖTV
GEW
DAAD
IHK
EU

Übung 12

Trennbare Verben

Trennbar zusammengesetzte Verben betont man auf dem abtrennbaren Wortteil, untrennbare auf dem Stamm, z. B. *umfahren* – *umfahren* (um etwas herum).

Hören Sie zu und sprechen Sie bitte nach!

1 einsteigen – Steig ein!
2 aussteigen – Steig aus!
3 umsteigen – Steig um!
4 einkaufen – Kauf ein!
5 aufräumen – Räum auf!
6 anrufen – Ruf an!

Wer oft anfängt, kann oft ausruhen.

Übung 13

Wir üben trennbare und untrennbare Verben mit dem gleichen Präfix.
Sie hören Sätze. Markieren Sie den Akzent im Verb!

Du mußt dir die Antwort gut überlegen. → überlegen

1 Wir wollen ans andere Ufer übersetzen.
2 Du mußt den Text übersetzen.

Lösung

übersetzen
übersetzen

3 Du kannst dir das Buch wiederholen.
4 Er mußte den Satz dreimal wiederholen.
5 Du mußt den Baum umfahren.
6 Du darfst das Bäumchen nicht umfahren.

wiederholen
wiederholen
umfahren
umfahren

1.2 Fremde Wörter

Übung 14

Die Akzentuierung der fremden Wörter hängt von ihrer Herkunft (z. B. griechisch, lateinisch, französisch, englisch) ab und ist daher sehr vielgestaltig.

Sie hören Fremdwörter.
Markieren Sie bitte die Akzentsilbe!

Fotografie → Fotografie

1 fotografieren
2 Fotoapparat
3 Diapositiv
4 fotografisch
5 Fotomodell
6 fotogen

Lösung

fotografieren
Fotoapparat
Diapositiv
fotografisch
Fotomodell
fotogen

Vergleichen Sie Ihre Markierungen mit der Lösung! Hören Sie sich die Wörter noch einmal an und sprechen Sie nach!

Probieren geht über studieren.

Übung 15

Sie hören endbetonte Fremdwörter.
Sprechen Sie bitte nach!

Viele Fremdwörter werden auf der letzten Silbe akzentuiert.

1 Garantie
2 Büro
3 Pilot
4 Apparat
5 Demokratie
6 Konferenz
7 Produkt
8 Bibliothek

Die Deutschen nennen alle ihre Freunde ausländisch: Ressource, Casino, Club, Cercle etc. Assamblée, Hôtel, Table d'Hôte, Harmonie, Museum.

Jean Paul

Übung 16 (1. Teil)

Sie hören Fremdwörter mit *-or*.
Markieren Sie die Akzentsilbe!

Als Endung wird -or nicht akzentuiert, -oren ist dagegen akzentuiert.

Faktor → Faktor

1 Doktor
2 Direktor
3 Motor
4 Professor
5 Traktor
6 Konditor

Bitte lesen Sie die Wörter laut!

Lösung

Doktor
Direktor
Motor
Professor
Traktor
Konditor

Übung 16 (2. Teil)

Bilden Sie jetzt zu diesen Wörtern die Pluralformen und markieren Sie den Akzentvokal! Achten Sie dabei auf den Akzentwechsel!
Sie hören die Lösung vom Band. Vergleichen Sie und wiederholen Sie die Pluralformen!

→ Faktoren

1
2
3
4
5
6

Lösung

Doktoren
Direktoren
Motoren
Professoren
Traktoren
Konditoren

Übung 17 (1. Teil)

Sie hören Fremdwörter mit *-ik*.
Unterstreichen Sie die Akzentsilbe!

Politik → Politik

1 Botanik
2 Technik
3 Physik
4 Mechanik
5 Musik
6 Dramatik

Bitte lesen Sie die Wörter laut!

Lösung

Botanik
Technik
Physik
Mechanik
Musik
Dramatik

Übung 17 (2. Teil)

Bilden Sie jetzt die dazugehörigen Substantive mit *-iker* und markieren Sie den Akzentvokal!
Sie hören die Lösung vom Band. Vergleichen Sie und wiederholen Sie die Beispiele!

→ Politiker

1
2
3
4
5
6

Die Endung *-iker* wird nicht akzentuiert.

Lösung

Botaniker
Techniker
Physiker
Mechaniker
Musiker
Dramatiker

Wie die Musik, so der Tanz.

Übung 18

Aus einem Stundenplan: Montag

1. Chemie
2. Biologie
3. Ethik
4. Geographie
5. Musik
6. Französisch

Markieren Sie die Akzentsilben!
Arbeiten Sie zu zweit, fragen und antworten Sie!

Wann haben die Schüler Chemie? → Chemie?
In der ersten Stunde.

Lösung

Chemie
Biologie
Ethik
Geographie
Musik
Französisch

Arbeiten Sie weiter! Wie könnte der Plan für andere Wochentage aussehen? Fragen und antworten Sie!

Übung 19

Bilden Sie zu folgenden Substantiven Verben auf *-ieren*!
Sie hören die Lösung vom Tonband.

-tion und *-ieren* werden immer akzentuiert.

die Gratulation → gratulieren

1 das Interesse
2 die Probe
3 die Zensur
4 das Studium
5 die Reaktion
6 die Diskussion

Lösung

interessieren
probieren
zensieren
studieren
reagieren
diskutieren

Lesen Sie die Wortpaare laut!

Tageslauf

Heute habn wir diskutiert,
zwölf Stunden diskutiert,
zu Mittag gabs 'ne Pause,
ansonst ist nichts passiert.

Peter Hacks

Übung 20

Achtung: Falsche Analogiebildungen!

Eine Pluralform stimmt nicht. Wie lautet die richtige Form?

1 der Athlet – die Athleten / das Paket – die Paketen
2 der Kompaß – die Kompasse / der Paß – die Passe
3 das Stadion – die Stadionen / die Station – die Stationen
4 der Zirkus – die Zirkusse / der Rhythmus – die Rhythmusse

Lösung

die Pakete
die Pässe
die Stadien
die Rhythmen

1.3 Komposita

In Zusammensetzungen (Komposita) trägt das Bestimmungswort den (Haupt-)Akzent, das Grundwort bleibt unbetont oder erhält einen Nebenakzent, z. B. *Straßenbahnhaltestelle.*

Übung 21 (1. Teil)

Sie hören scherzhafte „Wortmeldungen".
Lesen Sie still mit!

„Ich beginne", sagt das Vorwort.
„Allzeit höflich!" fordert das Grußwort.
„Verstehst du mich?" fragt das Fremdwort.
„Keine Zeit!" ruft das Kurzwort.
„Ende gut, alles gut", sagt das Schlußwort.

nach G. Karpe

Übung 21 (2. Teil)

Hören Sie den Text noch einmal und markieren Sie in den folgenden Wörtern den Akzentvokal!

Vorwort
Grußwort
Fremdwort
Kurzwort
Schlußwort

Lösung

Vorwort
Grußwort
Fremdwort
Kurzwort
Schlußwort

Vorrede spart Nachrede.

Übung 22

Sie hören Komposita.
Markieren Sie die Akzentsilbe!

Fahr-plan → Fahrplan

1 Som-mer-man-tel
2 Mit-tel-ge-bir-ge
3 ge-gen-ü-ber
4 Haupt-bahn-hof
5 Zen-tral-flug-ha-fen
6 Nord-ost-wind

Lesen Sie die Wörter jetzt laut.

Lösung

Sommermantel
Mittelgebirge
gegenüber
Hauptbahnhof
Zentralflughafen
Nordostwind

Übung 23

Bilden Sie mit den vorgegebenen Wörtern je zwei unterschiedliche Komposita!
Sie hören die Lösung vom Band. Sprechen Sie nach und achten Sie auf die Akzentuierung des Bestimmungswortes!

Obst – Kern → Obstkern – Kernobst

1 Haus – Garten
2 Bus – Reise
3 Tanz – Kreis
4 Ring – Finger
5 Theater – Sommer

6 rot – Wein

Lösung

Hausgarten – Gartenhaus
Busreise – Reisebus
Tanzkreis – Kreistanz
Ringfinger – Fingerring
Theatersommer – Sommertheater
Rotwein – weinrot

Bilden Sie nun mit den Komposita Sätze! Spielen Sie dabei mit den Wörtern, z. B. „Wo ist der Reisebus für unsere Busreise?“

Ein Herr Klant stand im Strandsand
am Sandstrand im Handstand.
Warum?
Weil er vorstand
dem Strandsandhandstandverband.
Darum.

Übung 24

Antworten Sie auf die vorgegebenen Fragen mit einer Entgegnung! Üben Sie zu zweit!

Planen Sie eine Flugreise? /Schiffsreise/
→ Nein, eine Schiffsreise.

1 Sind Sie auf einer Urlaubsreise? /Dienstreise/
2 Wohnen Sie in einer Großstadt? /Kleinstadt/
3 Möchten Sie eine Zitronentorte? /Schokoladentorte/
4 Wünschen Sie ein Wurstbrötchen? /Käsebrötchen/
5 Suchen Sie ein Bilderbuch? /Liederbuch/
6 Spielen Sie auch Fußball? /Volleyball/

Lösung

Nein, auf einer Dienstreise.
Nein, in einer Kleinstadt.
Nein, eine Schokoladentorte.
Nein, ein Käsebrötchen.
Nein, ein Liederbuch.
Nein, Volleyball.

Übung 25

Wie nennt man diese Plätze? Fügen Sie in die folgenden Sätze Komposita mit dem Grundwort *Platz* ein!

In der Straßenbahn möchte jeder einen ... → In der Straßenbahn möchte jeder einen Sitzplatz.

1 Die beste Aussicht hat man an einem ...
2 Im überfüllten Zug gab es nur noch einen ...
3 Die Kinder spielen sehr gern auf dem ...
4 Die Sportler brauchen einen ...
5 Für mein Auto suche ich oft einen ...
6 Das Rathaus steht mitten auf dem ...

Lösung

Fensterplatz
Stehplatz
Spielplatz
Sportplatz
Parkplatz
Marktplatz

Wer vom Rathaus kommt, ist immer klüger als zuvor.

Übung 26

Sie hören Wortgruppen und Sätze mit dreigliedrigen Komposita.
Sprechen Sie sie bitte nach!

1 auf dem Kinderspielplatz
2 in der Autowaschanlage
3 bei der Stadtrundfahrt
4 vor dem Goethe-Schiller-Denkmal
5 Bitte beiseitetreten!
6 Nicht alle durcheinanderreden!

Es gibt Tiere, Kreise und Ärzte.
Es gibt Tierärzte, Kreisärzte und Oberärzte.
Es gibt einen Tierkreis und einen Ärztekreis.
Es gibt auch einen Oberkreistierarzt.
Ein Oberkreistier aber gibt es nicht.

Roda Roda

In dreigliedrigen Komposita bilden die beiden letzten Wörter oft das Grundwort. Der Hauptakzent liegt auf dem ersten, dem Bestimmungswort, die anderen haben einen Nebenakzent, z. B. *Stadtrundfahrt.* Bei Aneinanderreihungen erhält das letzte Wort einen Hauptakzent, die anderen einen Nebenakzent, z. B. *schwarz-weiß-grün.* Bei Aneinanderreihungen von Wörtern vor einem Grundwort erhält das letzte Wort des Bestimmungswortes den Hauptakzent, z. B. *Goethe-Schiller-Denkmal.*

Übung 27

Ein Wetterbericht

Hören Sie den folgenden Text und markieren Sie die Akzente bei den Komposita!
Lesen Sie den Text dann laut vor!

Anfangs heiter, am Nachmittag Aufzug von Wolkenfeldern und nachfolgend Niederschläge, in den Mittelgebirgen Schneefall, im Flachland Eisregen. Mäßige, zeitweise starke Winde aus Südwest. Tageshöchsttemperaturen um 5 Grad. Nachttemperaturen unter dem Gefrierpunkt. Weitere Aussichten bis zum Wochenende: Temperaturrückgang, Nachtfrost. Für die Jahreszeit zu kühl.

Lösung

Nachmittag, Aufzug, Wolkenfelder, Niederschläge, Mittelgebirge, Schneefall, Flachland, Eisregen, zeitweise, Südwest, Tageshöchsttemperaturen, Nachttemperaturen, Gefrierpunkt, Aussichten, Wochenende, Temperaturrückgang, Nachtfrost, Jahreszeit

umfahren – und umfahren

2 Satzakzentuierung und Pausierung

Übung 1

Sie hören zu Beginn ein Sprachspiel.
Lesen Sie still mit!

Alle reden.
Ich rede.
Du redest.
Er redet ständig.
Sie redet.
Sie redet laut.
Sie redet sehr laut.
Wir reden.
Ihr redet auch.
Sie reden.
Alle reden.
Wovon?
Von nichts.
Es ist eine Party.

nach L. Szkutnik

Satzakzentuierung = Hervorhebung einzelner Wörter in der Äußerung. Die Wortakzentsilben sind

- melodisch höher oder tiefer als die benachbarten Silben,
- fast immer lauter und
- werden etwas langsamer gesprochen.

In akzentuierten Silben werden die einzelnen Laute sorgfältiger artikuliert als in akzentlosen.

Übung 2

Auf einer Party

Hören Sie die Übung 1 noch einmal!
Markieren Sie jetzt die akzentuierten Wörter und verwenden Sie dabei die folgenden Zeichen:
normal akzentuiert → Akzentsilbe unterstrichen, vor der am stärksten akzentuierten Silbe zusätzlich → "

Katja redet auch. → Katja redet "auch.

1 Ich rede.
2 Du redest.
3 Er redet ständig.
4 Sie redet.
5 Sie redet laut.
6 Sie redet sehr laut.
7 Wir reden.
8 Ihr redet auch.
9 Sie reden.

Lösung

1 Ich rede.
2 Du redest.
3 Er redet ständig.
4 Sie redet.
5 Sie redet "laut.
6 Sie redet "sehr laut.
7 Wir reden.
8 Ihr redet "auch.
9 Sie reden.

10 Alle reden.
11 Wovon?
12 Von nichts.
13 Es ist eine Party.

10 Alle reden.
11 Wovon?
12 Von nichts.
13 Es ist eine Party.

Übung 3

Komma später

Sie hören einen Text, der in Satzakzentuierung und Pausierung nicht mit dem Ihnen vorliegenden übereinstimmt.
Die vorgegebenen Gliederungsstellen sind falsch. Korrigieren Sie zunächst die Pausen und kennzeichnen Sie dann die Akzentstellen!

Plötzlich stand ein Mensch vor mir auf dem Kopfe, einen steifen Hut an den Füßen, zerrissene Schuhe in der Hand, einen dicken Stock im Munde, eine erloschene Zigarre in finsteres Schweigen gehüllt.

Lesen Sie jetzt beide Textvarianten laut!

Pausierung (Zeichen →/) = Gliederung einer Äußerung in sinnvolle Abschnitte mit Hilfe von Pausen. Je langsamer das Sprechtempo, desto größer die Zahl und Länge der Pausen.

Lösung

Plötzlich stand ein "Mensch vor mir, / auf dem Kopfe einen steifen "Hut, / an den Füßen zerrissene "Schuhe, / in der Hand einen dicken "Stock, / im Munde eine erloschene Zi"garre, / in finsteres "Schweigen gehüllt.

Übung 4

Auf einem Spielplatz

In den folgenden Äußerungen liegt der Satzakzent immer auf dem Vollverb.
Hören Sie zu und sprechen Sie nach!

Satzakzente liegen auf Sinnwörtern (Substantiven, Verben, Adjektiven, Adverbien). Funktionswörter (Artikel, Präpositionen, Pronomen, Konjunktionen) werden nur akzentuiert, wenn
- sie hinweisend gebraucht werden: *Mich interessiert "diese Vase dort.*
- ein Gegensatz ausgedrückt werden soll (Kontrastakzentuierung): *Das ist "**mein** Buch.*

1
2
3
4
5
6

Er spielt jetzt.
Sie turnt noch.
Sie laufen dort.
Du kannst ja springen.
Ihr wollt wohl tanzen?

Spielen ist keine Kunst, aber aufhören!

Übung 5

Lesen Sie bitte die folgenden Aussagen! Bilden Sie daraus Entscheidungsfragen!
Achten Sie darauf, daß der Akzent auf dem Vollverb bleibt!
Sie hören die Lösungen vom Band.

Er spielt noch. → Spielt er noch?

1 Sie tanzen gern.
2 Sebastian kommt noch.
3 Irene kann schon radfahren.
4 Anna will ihr helfen.
5 Frau Richter paßt auf.
6 Paula hat sich gestoßen.

Lösung

Tanzen sie gern?
Kommt Sebastian noch?
Kann Irene schon radfahren?
Will ihr Anna helfen?
Paßt Frau Richter auf?
Hat sich Paula gestoßen?

Jedes Alter hat sein Spielzeug.

Übung 6

Wer redet mit wem?

Ergänzen Sie die Aussagen durch die vorgegebenen Wörter und legen Sie die Akzente fest!
Sprechen Sie nun die Sätze und vergleichen Sie sie anschließend mit den Lösungen vom Band!

Ich rede. /Anna/
→ Ich rede mit "Anna.

1 Du redest. /Kinder/
2 Er redet ständig. /Hausfrau/
3 Sie redet laut. /Helga und Hans/
4 Wir reden. /euer Vater/
5 Sie reden. /alle/
6 Er redet gern. /Politik/

Ergänzungen zu einem Verb tragen einen Satzakzent: *Mit der "Bahn kommen? Einen "Brief erhalten.*
Bei mehreren Ergänzungen erhält die letzte den Hauptakzent, weitere Akzente sind möglich: *Sie redet laut mit Helga und "Hans.*

Lösung

Du redest mit den "Kindern.
Er redet ständig mit der "Hausfrau.
Sie redet laut mit Helga und "Hans.
Wir reden mit eurem "Vater.
Sie reden mit "allen.
Er redet gern über Poli"tik.

Geredet ist noch lange nicht gemacht.

Übung 7

Reisevorbereitungen

Bilden Sie Sätze und legen Sie die Akzente fest!

Fahrkarten kaufen / Anna
→ Anna kauft die "Fahrkarten.

1 auch Platzkarten mitbringen / sie

2 Koffer packen / beide
3 Reiseführer besorgen / Karl

4 Taxi bestellen / er
5 Geld und Schecks einstecken / Anna

6 dem Nachbarn die Schlüssel geben / Karl

Lesen Sie jetzt die Sätze laut! Hören Sie anschließend die Lösungen vom Band!

Lösung

Sie bringt auch Platzkarten mit.
Beide packen die "Koffer.
Karl besorgt einen "Reiseführer.
Er bestellt ein "Taxi.
Anna steckt Geld und "Schecks ein.
Karl gibt dem Nachbarn die "Schlüssel.

Übung 8

„Der Fürstenzug" – ein berühmtes Wandgemälde in Dresden

Bilden Sie aus den Beifügungsgruppen historische Namen, legen Sie die Akzente fest und vergleichen Sie Ihre Lösungen mit dem Band!

der große Konrad → Konrad der "Große

1 der reiche Otto
2 der stolze Albrecht
3 der bedrängte Dietrich
4 der ernsthafte Friedrich
5 der beständige Johann
6 der gutmütige Johann Friedrich

Lesen Sie jetzt bitte die Beispiele laut!

Bei Ergänzungen zu einem Substantiv wird das letzte Wort der Gruppe am stärksten akzentuiert: *der starke August – August der "Starke, das Auto meines "Bruders.*

Lösung

Otto der "Reiche
Albrecht der "Stolze
Dietrich der Be"drängte
Friedrich der "Ernsthafte
Johann der Be"ständige
Johann Friedrich der "Gutmütige

Übung 9

Besorgungen

Bilden Sie aus den vorgegebenen Wörtern Äußerungen und legen Sie die Akzente fest!
Sprechen Sie sie laut und vergleichen Sie anschließend mit den Lösungen vom Band!

Blumen / Erika
→ Blumen für "Erika.

1 Karten / Oper
2 Bücher / Bibliothek
3 Geschenke / Gäste
4 Zeitschriften / Lesesaal
5 Sportgeräte / Schule
6 Lehrbücher / Schüler

Lösung

Karten für die "Oper.
Bücher für die Biblio"thek.
Geschenke für die "Gäste.
Zeitschriften für den "Lesesaal.
Sportgeräte für die "Schule.
Lehrbücher für die "Schüler.

Übung 10

Wenn ein Mann die Pläne seiner Frau mißbilligt ...

Bilden Sie zu folgenden Aussagen ärgerliche Nachfragen!
Hören Sie anschließend die Lösungen vom Band!

In Nachfragen wird das Fragewort stark akzentuiert: *"Womit müssen wir fahren?*

Wir werden am Abend einkaufen. → Wann werden wir einkaufen?

1 Wir müssen mit dem Bus fahren.
2 Gerda kommt mit.
3 Ich brauche noch Geld.
4 Vor allem müssen wir Schuhe kaufen.
5 Wir brauchen Sportschuhe für die Kinder.
6 Ich habe für dich einen Hut.

Lösung

Womit müssen wir fahren?
Wer kommt mit?
Was brauchst du noch?
Was müssen wir vor allem kaufen?
Für wen brauchen wir die Sportschuhe?
Was hast du für mich?

Übung 11

Wenn eine Frau alles dreimal sagen muß ...

Antworten Sie bitte auf die folgenden Fragen mit den Aussagen der Übung 10!
Reagieren Sie nachdrücklich und verärgert!
Vergleichen Sie anschließend mit dem Band!

Wann werden wir einkaufen? → Wir werden am Abend einkaufen.

1 Womit fahren wir?
2 Fahren wir allein?
3 Brauchst du noch etwas?
4 Müssen wir denn viel einkaufen?

Lösung

Mit dem Bus!
Nein, mit Gerda!
Ich brauche noch Geld!
Vor allem müssen wir Schuhe kaufen!

5 Für wen brauchen wir denn Schuhe?

6 Hoffentlich willst du nichts für mich ?

Wir brauchen Schuhe für die Kinder!
Einen Hut habe ich für dich!

Wer kauft, was er nicht braucht, muß bald verkaufen, was er braucht.

Übung 12

Im Einkaufspark

Ergänzen Sie bitte die folgenden Äußerungen nach Belieben!
Markieren Sie die Akzente!
Lesen Sie Ihre Beispiele laut!
Hören und wiederholen Sie anschließend unsere Lösungen!

Wird mit einem Wort ein Gegensatz ausgedrückt, erhält es einen starken Akzent (Kontrastakzentuierung): *Keine "Hausschuhe, sondern "**Turn**schuhe.*

Wir kaufen jetzt keine Hausschuhe, sondern ...
→ Wir kaufen jetzt keine "Hausschuhe, sondern "**Turn**schuhe!

1 Ein rotes Tuch habe ich, ich brauche ein ...

2 Wozu einen Wintermantel, ein ... ist nötig!

3 Nicht Butter, ... nehmen wir!

4 Keine Seife, sondern ...

5 Nein, keine Nudeln, aber ... brauchen wir.

6 Zucker auch, aber ... fehlt vor allem.

Lösung

Ein rotes Tuch habe ich, ich brauche ein "**grü**nes Tuch!
Wozu einen Wintermantel, ein "**Re**genmantel ist nötig!
Nicht Butter, Marga"**ri**ne nehmen wir!
Keine Seife, sondern "**Zahn**creme!
Nein, keine Nudeln, aber "**Reis** brauchen wir!
Zucker auch, aber "**Salz** fehlt vor allem!

Hast du viel, so brauchst du mehr.

Übung 13

Deutsche Sprichwörter

Hören Sie die folgenden Beispiele und markieren Sie die Akzente!
Vergleichen Sie dann mit der Lösung vom Band!

Viele Bekannte, wenig Freunde. → Viele Bekannte, wenig "Freunde.

1 Zur Freundschaft gehören zwei.

2 Im Unglück zeigt sich der Freund.

3 Wer Pfennige hat, hat auch Freunde.

4 Zu guten Freunden ist der Weg nicht weit.

5 Wird der Ofen kalt, gehn die Freunde bald.

6 Was mir nicht schmeckt, schmeckt auch meinem Freunde nicht.

Lesen Sie jetzt bitte die Sprichwörter laut!

Lösung

Zur Freundschaft gehören "zwei.
Im Unglück zeigt sich der "Freund.
Wer Pfennige hat, hat auch "Freunde.
Zu guten Freunden ist der Weg nicht "weit.
Wird der Ofen kalt, gehn die Freunde "bald.
Was mir nicht schmeckt, schmeckt auch meinem "Freunde nicht.

Übung 14

Picasso

Hören Sie und ergänzen Sie die Satzzeichen! Beachten Sie, daß am Satzanfang Großbuchstaben stehen müssen!
Markieren Sie die Pausen! (Zeichen: /)

Picasso erfreute sich bis ins hohe Alter einer guten Gesundheit ein Journalist der ihn nach seinen Lebensgewohnheiten ausfragte wollte wissen ob er seine gute Konstitution sportlicher Betätigung verdanke ach wissen Sie antwortete Picasso ich bewege mich jetzt auf die Siebzig zu und das ist Bewegung genug

Lösung

Picasso/erfreute sich bis ins hohe Alter/einer guten Gesundheit./Ein Journalist,/der ihn nach seinen Lebensgewohnheiten ausfragte,/wollte wissen,/ob er seine gute Konstitution/sportlicher Betätigung verdanke./„Ach, wissen Sie,“/antwortete Picasso,/„ich bewege mich jetzt auf die Siebzig zu,/und das ist Bewegung genug.“

Übung 15

Auf der Straße

Sie hören Wortgruppen, die um ein akzentuiertes Wort herum gebildet werden.
Sprechen Sie bitte richtig nach!

1
2
3
4
5

Auf der Straße.
Um die Ecke fahren.
Die Ampel beachten.
Die Straßenseite wechseln.
Ab und an stehenbleiben.

6 Auf die Kinder achten.
7 Einen Unfall beobachten.
8 Sie halfen ihm.

Übung 16

Ein Märchen

Bestimmen Sie bitte in den Sätzen des folgenden Textes das jeweilige Thema, markieren Sie nach jedem Thema eine Pause (/) und sprechen Sie dann den Text!
Vergleichen Sie anschließend Ihre Fassung mit der vom Band!

Thema = der vor dem gebeugten (finiten) Verb stehende Teil der Äußerung, über den mit dem Rhema etwas ausgesagt wird: *Die Ziege* (Thema) *fraß sich satt.* (Rhema).
Enthält das Thema ein Substantiv, wird es oft mit einer Pause vom Rhema getrennt: *Jeden Tag / mußten die Söhne die Ziege füttern.*

Ein armer Schneider hatte drei Söhne und eine Ziege. Jeden Tag mußten die Söhne die Ziege füttern. Die Ziege fraß sich satt. Am Abend aber schrie sie, daß sie noch hungrig sei. Lange Zeit achtete der Schneider nicht darauf; er glaubte ihr nicht. Endlich aber wurde er böse und jagte die Ziege fort. Danach lebte er mit seinen Söhnen zufrieden bis an sein Ende.

Lösung

Ein armer Schneider/hatte drei Söhne/und eine Ziege./Jeden Tag mußten die Söhne/die Ziege füttern./Die Ziege /fraß sich satt./Am Abend aber/schrie sie,/daß sie noch hungrig sei./Lange Zeit /achtete der Schneider nicht darauf;/er glaubte ihr nicht./Endlich aber/wurde er böse/und jagte die Ziege fort./Danach lebte er mit seinen Söhnen zufrieden/bis an sein Ende.

Übung 17

Grammatisches:
Nebensätze und verbundene Hauptsätze

Legen Sie bitte in den folgenden Beispielen die möglichen Pausen fest, tragen Sie die Kommas ein und sprechen Sie die Sätze laut!

Hauptsätze bzw. Haupt- und Nebensätze werden oft durch Pausen getrennt: *Schwarze Wolken kamen, / und es regnete.*

Ich möchte daß du bleibst. → Ich möchte,/daß du bleibst.

1 Das Kind lief schnell weil es rechtzeitig da sein wollte.
2 Er hat die Absicht morgen zu verreisen.
3 Den Vogel der am Morgen singt holt am Abend die Katze.
4 Er rief sie kam.

Lösung

Das Kind lief schnell,/weil es rechtzeitig da sein wollte.
Er hat die Absicht,/morgen zu verreisen.
Den Vogel,/der am Morgen singt,/holt am Abend die Katze.
Er rief,/sie kam.

5 Es zogen Wolken auf aber es regnete nicht.

6 Einer ordnet an und die anderen müssen gehorchen.

Es zogen Wolken auf, / aber es regnete nicht.
Einer ordnet an, / und die anderen müssen gehorchen.

Übung 18

Sprechen Sie nach den „Steckbriefen“ über beide Personen. Sie können „sie“ und „ihn“ erst einzeln und dann im Vergleich beschreiben.

	sie	er
Alter:	18	20
Größe:	1,65	1,78
Haarfarbe:	braun	blond
Interessen:	Musik Lesen	Sport Verreisen
Berufswunsch:	Dolmetscherin	weiß noch nicht
Wohnort:	Köln	Köln
Urlaubsplan:	mit ihm nach Paris	mit ihr nach Paris

Übung 19

Berlin

Diktieren Sie bitte den folgenden Text und realisieren Sie dabei jede mögliche Pause!
Vergleichen Sie mit der Tonaufnahme!

Berlin wurde 1871 die Hauptstadt des Deutschen Reiches. Es ist aus mehreren Städten und Dörfern, die ursprünglich selbständig waren, zusammengewachsen. Bedeutende Baumeister haben in der Stadt gewirkt und haben Berlin mit Schlössern, Museen und Theatern zu einer Kulturmetropole entwickelt. Im 2. Weltkrieg wurde die Stadt in Schutt und Asche gelegt. Dem Weltkrieg folgte kurz danach der Kalte Krieg, in dem die Stadt geteilt wurde. Durch die friedliche Revolution in der DDR wurde diese Teilung überwunden. Berlin entwickelt sich seitdem wieder zur Weltstadt und kann wie früher zwischen Ost und West vermitteln.

Lösung

Berlin / wurde 1871 / die Hauptstadt des Deutschen Reiches. / Es ist aus mehreren Städten und Dörfern, / die ursprünglich selbständig waren, / zusammengewachsen. / Bedeutende Baumeister / haben in der Stadt gewirkt / und haben Berlin / mit Schlössern, / Museen und Theatern / zu einer Kulturmetropole entwickelt. / Im 2. Weltkrieg / wurde die Stadt / in Schutt und Asche gelegt. / Dem Weltkrieg / folgte kurz

danach der Kalte Krieg, / in dem die Stadt / geteilt wurde. / Durch die friedliche Revolution / in der DDR / wurde diese Teilung / überwunden. / Berlin / entwickelt sich seitdem / wieder zur Weltstadt / und kann wie früher / zwischen Ost und West / vermitteln.

Übung 20

Hören Sie zum Abschluß eine Anekdote!

Drei sitzen im Restaurant. Sie bestellen Tee. „Ich möchte den Tee aber in einem sauberen Glas“, ruft der eine dem Kellner hinterher. Nach ein paar Minuten kommt der Kellner mit drei Glas Tee und fragt: „Wer von den Herren bekommt das saubere Glas?“

3 Rhythmisierung

Übung 1

Sie hören zu Beginn einen Dialog, in dem alle rhythmischen Muster vorkommen, die wir in dieser Lektion üben.

- Hallo! Ines! Ulrike! Steffen!
- Was ist denn?
- Ich warte!
- Wir kommen gleich!
- Beeilt euch! Der Zug fährt!
- Moment noch!
- Ich gehe jetzt!
- Wart auf uns!
- Das wird zu spät!
- Reg dich nicht auf!
- Wir schaffen's schon!
- Was trödelt ihr? Macht schnell!
- Es kann losgehen! Wir sind da!
- Na, endlich!

Rhythmisierung = Gestaltung des Gesprochenen mit Hilfe von rhythmischen Mustern.
Rhythmische Muster = Gruppierung von akzentlosen (oder akzentschwachen) Wörtern und Silben um einen kräftig hervorgehobenen Akzentgipfel.

Übung 2

Sie hören Muster 1.
Sprechen Sie mit, klatschen oder klopfen Sie dazu!

♩♪ ♩♪ ♩♪ ♩♪
jam-ba, jam-ba, jam-ba, jam-ba

1 Hallo!
2 Ines!
3 Steffen!
4 Tempo!
5 Endlich!
6 Abfahrt!

Muster 1:
betont – unbetont

→ ♩♪

Übung 3

Sie hören Aufforderungen, jede wird zunächst sachlich, dann besonders ungeduldig gesprochen. Sprechen Sie genauso nach!

1
2
3
4
5
6

Hör mal!
Siehst du!
Vorsicht!
Komm schon!
Setz dich!
Laß das!

Vorsicht ist besser als Nachsicht.

Übung 4

Sie hören Muster 2.
Sprechen Sie mit, klatschen oder klopfen Sie dazu!

Muster 2:
unbetont – betont

→ ♪♩

♪♩ ♪♩ ♪♩ ♪♩
da-jam, da-jam, da-jam, da-jam

1 Macht schnell!
2 Was ist?
3 Der Zug!
4 Moment!
5 Wie spät?
6 Gleich neun!

Übung 5

Sie hören energisch gesprochene Aufforderungen, sprechen Sie ebenso nach!

1
2
3
4
5
6

Komm her!
Hör zu!
Sprich nach!
Lies vor!
Nimm Platz!
Schreib mit!

Übung 6

Sie hören Ermahnungen und Aufforderungen. Lesen Sie mit und markieren Sie die Akzente! Achten Sie auf den Wechsel zwischen Muster 1 und 2

(♩♪/♪♩)!

Bleib stehn! → Bleib stehn!

1 Paß auf!
2 Laß das!
3 Wirf weg!
4 Schau her!
5 Setz dich!
6 Bleib da!
7 Nimm das!
8 Lies mal!

Sprechen Sie jetzt selbst! Ermahnen Sie z.B. mit Nachdruck ein Kind!

Lösung

Paß auf!
Laß das!
Wirf weg!
Schau her!
Setz dich!
Bleib da!
Nimm das!
Lies mal!

Übung 7

Kinderverse werden meist besonders rhythmisch gesprochen.
Lesen Sie mit, klopfen Sie den Rhythmus dazu und sprechen Sie dann nach!

Ilse Bilse,
niemand will se,
kam der Koch
und nahm sie doch.

Ich und du,
Müllers Kuh,
Müllers Esel,
das bist du!

Heile, heile Segen,
morgen gibt es Regen,
übermorgen Schnee,
dann tut 's nicht mehr weh.

Übung 8

Sie hören Muster 3.
Sprechen Sie mit, klatschen oder klopfen Sie dazu!

♩ ♪♪ ♩ ♪♪ ♩ ♪♪ ♩ ♪♪
jam-ba-ba, jam-ba-ba, jam-ba-ba, jam-ba-ba

1 Wart auf uns!
2 Ursula!
3 Danke schön!
4 Bitte sehr!
5 Sicherlich!
6 Gisela!

Muster 3:
betont – unbetont – unbetont
→ ♩ ♪♪

Ende gut, alles gut.

Übung 9

Bitte und Lob

Wiederholen Sie die Sätze bitte ebenso nachdrücklich!

1 Nimm das doch!
2 Wart auf mich!
3 Sag doch was!
4 Schreib mir mal!
5 Denk daran!
6 Gut gemacht!

Übung 10

Sie hören Muster 4.
Sprechen Sie mit, klatschen oder klopfen Sie dazu!

♪♩♪ ♪♩♪ ♪♩♪ ♪♩♪
da-jam-ba, da-jam-ba, da-jam-ba, da-jam-ba

Muster 4:
unbetont – betont – unbetont

→ ♪♩♪

1 Ulrike!
2 Ich warte!
3 Na endlich!
4 Nach Hause!
5 Mit Ines!
6 Noch heute!

Übung 11

Sie hören beruhigende und tröstende Äußerungen.
Sprechen Sie bitte ebenso nach!

1 Ich helf dir.
2 Das geht schon.
3 Vertrau mir!
4 Bleib ruhig!
5 Du kannst das.
6 Ich weiß es.

Übung 12 (1. Teil)

Sie hören Vornamen.
Lesen Sie mit und achten Sie auf den Wechsel zwischen Muster 3 und 4 (♩ ♪♪/ ♪♩ ♪)!

Streichen Sie die Namen durch, die nicht anfangsbetont sind!

1 Rüdiger
2 Monika
3 Johannes
4 Michael
5 Ursula
6 Renate

Lösung

Johannes
Renate

Übung 12 (2. Teil)

Sprechen Sie jetzt nur die Namen, die anfangsbetont sind!

Übung 13

Sie hören Fragen.
Erkennen Sie den Rhythmus (Muster 3 und 4) wieder? Markieren Sie dann die Akzente!

Was ist denn? → Was ist denn?

1 Was brauchst du?
2 Wo bleibst du?
3 Wartet ihr?
4 Warum nicht?
5 Du gehst schon?
6 Glaubst du das?

Lösung

Was brauchst du?
Wo bleibst du?
Wartet ihr?
Warum nicht?
Du gehst schon?
Glaubst du das?

Rätsel
Kein Anfang und kein Ende,
doch schmückt es dir die Hände.

Der Ring

Übung 14

Volkstümliche Verse

Lesen Sie mit, achten Sie dabei auf den Rhythmus und sprechen Sie dann selbst!

Man kauft es beim Bäcker.
Es schmeckt auch ganz lecker.
Ich möcht's gern versuchen:
ein süßes Stück Kuchen.

Es regnet, es regnet,
der Kuckuck wird naß.
Wir sitzen im Trocknen,
was schadet uns das.

Übung 15

Sie hören Muster 5.
Sprechen Sie mit, klatschen oder klopfen Sie dazu!

da-jam-ba-ba, da-jam-ba-ba, da-jam-ba-ba, da-jam-ba-ba

1 Ich gehe jetzt!
2 Was trödelt ihr?

Muster 5:
unbetont – betont – unbetont – unbetont

→ 

3 Wir kommen gleich.
4 Im Augenblick.
5 Entschuldigung!
6 Auf Wiedersehn!

Übung 16

Sie hören Fragen und Ausrufe.
Sprechen Sie bitte erstaunt und verwundert nach!

1
2
3
4
5
6

Wie kam denn das?
Wo bleibt sie denn?
Wer ist denn das?
Was macht ihr dort?
Ihr kennt euch schon?
Das gibt's doch nicht!

Übung 17

Sie hören Muster 6.
Sprechen Sie mit, klatschen oder klopfen Sie dazu!

Muster 6:
unbetont – unbetont – betont – unbetont

→ ♪♪♩ ♪

♪♪♩ ♪ ♪♪♩ ♪ ♪♪♩ ♪ ♪♪♩ ♪

da-da-jam-ba, da-da-jam-ba, da-da-jam-ba, da-da-jam-ba

1 Mit dem Auto.
2 In den Urlaub.
3 Es kann losgehn!
4 Mit Verspätung.
5 Heute morgen.
6 Selbstverständlich.

Übung 18

Grüße und Wünsche

Bitte sprechen Sie nach!

1 Guten Morgen!
2 Viele Grüße!
3 Alles Gute!
4 Viel Vergnügen!
5 Gute Reise!
6 Frohe Ferien!

Rätsel

Hat ein Häuschen
hart wie Stein,
doch was drin ist,
das schmeckt fein.

Die Nuß

Übung 19

In einem Gartenlokal

Sie hören Ausrufe.
Bitte markieren Sie die Akzentvokale. Achten Sie dabei auf den Wechsel zwischen Muster 5 und 6

(♪♩ ♪♪/♪♪♩ ♪)!

Wir setzen uns! → Wir setzen uns!

1 Hier bleiben wir!
2 Einen Kaffee!
3 Ein Bier bitte!
4 Bring Kuchen mit!
5 Ein Teller fehlt!
6 Zwei Tassen noch!

Rufen Sie nun diese Äußerungen Ihren Freunden zu!

Lösung

Hier bleiben wir!
Einen Kaffee!
Ein Bier bitte!
Bring Kuchen mit!
Ein Teller fehlt!
Zwei Tassen noch!

Übung 20

Hören Sie zum Abschluß volkstümliche Verse und ein Lied!
Sprechen bzw. singen Sie diese Texte dann selbst!

Meine Mu-, meine Mu-,
meine Mutter schickt mich her,
ob der Ku-, ob der Ku-,
ob der Kuchen fertig wär'.
Wenn er no-, wenn er no-,
wenn er noch nicht fertig wär',
käm' ich mo-, käm' ich mo-,
käm' ich morgen wieder her.

Der Hühnerhof

Ich war mal auf dem Dorfe,
da gab es einen Sturm,
da zankten sich fünf Hühnerchen
um einen Regenwurm.

Und als kein Wurm mehr war zu sehn,
da sagten alle: „Piep!"
Da hatten die fünf Hühnerchen
einander wieder lieb.

Viktor Blüthgen

– „Guten Morgen, Herr Meyer!
Wieviel kosten die Eier?"
– „Einen Dreier!"
– „Aber das ist zu teuer.
Einen Pfennig!"
– „Aber das ist zu wenig!"

Der Sand-mann ist da, der Sand-mann ist
da, er hat so schö-nen wei-ßen Sand und
ist den Leu-ten wohl-be-kannt,der Sand-mann ist da.

4 Melodisierung

Übung 1

Sie hören zu Beginn ein Sprachspiel, das eine Begrüßung und eine Verabredung wiedergibt! Lesen Sie still mit!

(A) Morgen.
(B) Morgen.
(A) Morgen?
(B) Morgen!

Melodisierung = Kennzeichnung der Bedeutung einer Äußerung mit Hilfe der Sprechmelodie. Besonders wichtig ist der „Endlauf" der Melodie: von der letzten Satzakzentstelle an bis zum Ende der Äußerung.

Auf eine gute Frage gehört eine gute Antwort.

Übung 2

Sie hören Äußerungen.
Kennzeichnen Sie bitte mit Satzzeichen, ob es sich um eine Aussage (.), eine Aufforderung (!), eine Frage (?) oder eine nicht abgeschlossene Äußerung (, ... / ...) handelt!

Verstehen Sie → Verstehen Sie?

1 Meiner Meinung nach
2 Wir gehen jetzt
3 Es regnet
4 Kommen Sie
5 Ich sehe meinen Mantel nicht

6 Die Garderobe ist dort hinten

Lösung

Meiner Meinung nach ...
Wir gehen jetzt?
Es regnet.
Kommen Sie!
Ich sehe meinen Mantel nicht, ...
Die Garderobe ist dort hinten?

Übung 3

Sie hören den deutlichen Melodiefall.
Vergleichen Sie mit dem aufgezeichneten Muster!
Sprechen und summen Sie bitte nach!
Zeichnen Sie dann den Melodieverlauf auch bei den anderen Beispielen auf!

Melodiefall (↘) bei:
- Aussagen,
- Aufforderungen,
- sachlichen oder entschiedenen Äußerungen,
- Fragen mit Fragewort.

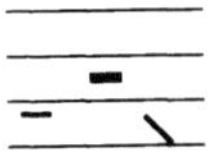

Im Kino.

Sehen Sie!

Ein Märchen!

Wunderbar!

Das ist schön!

Auf Wiedersehen!

Lösung

Sehen Sie!

Ein Märchen!

Wunderbar!

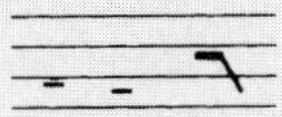

Das ist schön!

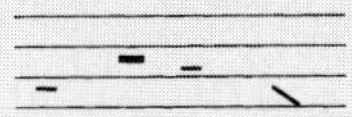

Auf Wiedersehen!

Übung 4

Sie hören Äußerungen mit Melodiefall.
Sprechen Sie bitte nach!

1 Nun fahren Sie endlich!
2 Es geht schon.
3 Ich brauche eure Hilfe.
4 Wann kommt ihr?
5 Wie spät ist es?
6 Warum antwortet ihr nicht?

Übung 5

Wenn ein Lehrer energisch wird

Hören Sie zu und sprechen Sie bitte nach!

1 Seid endlich ruhig!
2 Sprich lauter!
3 Was ist denn heute los?
4 Schließt jetzt die Fenster!
5 Wo sind denn deine Hausaufgaben?
6 Auf keinen Fall!

Fleißige Schüler machen fleißige Lehrer.

Übung 6

Sie hören Äußerungen. Achten Sie auf die stufenweise fallende Melodie!

Markieren Sie nun alle Satzakzentsilben und sprechen Sie dann nach!

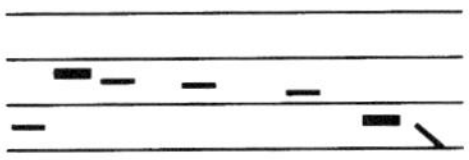

Elvira und Mar"tina.

1 Elvira kauft einen Stadtplan.
2 Elvira kauft einen Stadtplan von Berlin.
3 Elvira kauft am Bahnhof einen Stadtplan von Berlin.
4 Martina ist in die Stadt gefahren.
5 Martina ist früh in die Stadt gefahren.
6 Martina ist früh mit dem Bus in die Stadt gefahren.

Übung 7

Sie hören den deutlichen Melodieanstieg. Vergleichen Sie mit dem aufgezeichneten Muster! Sprechen und summen Sie bitte nach! Zeichnen Sie dann den Melodieverlauf auch bei den anderen Beispielen auf!

Warum?

Um drei?

Ein Auto?

Rauchen Sie?

Gehen Sie jetzt?

Einen Moment bitte.

Übung 8

Auf dem Bahnhof

Sie hören Äußerungen mit Melodieanstieg. Sprechen Sie bitte nach!

Lösung

Elvira kauft einen "Stadtplan.
Elvira kauft einen Stadtplan von Ber"lin.
Elvira kauft am Bahnhof einen Stadtplan von Ber"lin.
Martina ist in die "Stadt gefahren.
Martina ist früh in die "Stadt gefahren.
Martina ist früh mit dem Bus in die "Stadt gefahren.

Melodieanstieg (↗) bei:
- Entscheidungsfragen (Ja-Nein-Fragen),
- sehr freundlichen, sehr höflichen Äußerungen,
- Nachfragen,
- verbindlichen, liebenswürdigen Fragen mit Fragewort,
- Warnungen oder Drohungen.

Lösung

Um drei?

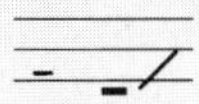

Ein Auto?

Rauchen Sie?

Gehen Sie jetzt?

Einen Moment bitte.

1 Fährst du auch nach Berlin?
2 Und wo ist der Fahrkartenschalter?
3 Eine Platzkarte bitte!
4 Kleingeld?
5 Können Sie mir helfen?
6 Zu welchem Bahnsteig muß ich?

Mit Fragen kommt man durch die ganze Welt?

Übung 9

Beim Aufstehen

Sie hören Äußerungen, in denen der abschließende Melodieanstieg in einer unterschiedlichen Zahl von Nachakzentsilben realisiert wird.
Lesen Sie zunächst still mit und sprechen Sie dann bitte nach!

Möchtest du einen "Kaffee haben?

1 Hast du gut geschlafen?
2 Möchtest du einen Kaffee haben?
3 Weißt du, wo meine Einkaufstasche ist?
4 Ist es sehr kalt heute?
5 Muß ich den Wintermantel anziehen?
6 Sehen wir uns beim Abendessen?

Übung 10

Ist Sprachstil Geschmackssache?

In den folgenden Äußerungen werden jeweils Anstieg und Fall der Melodie gegenübergestellt.
Hören Sie genau zu und sprechen Sie nach!

1 Schön ist, was gefällt. – Schön ist, was gefällt?
2 Wie der Lehrer, so der Schüler? – Wie der Lehrer, so der Schüler.
3 Korrigieren Sie! – Korrigieren Sie?
4 Was ist mit dem Konjunktiv? – Was ist mit dem Konjunktiv?

5

6

Erst denken, dann sprechen? – Erst denken, dann sprechen.
Das beste Deutsch ist, das von Herzen kommt. – Das beste Deutsch ist, das von Herzen kommt?

Ein Narr kann mehr fragen,
als zehn Kluge antworten können.

Übung 11

Im Buchladen

Die folgenden Äußerungen sind mit Melodiefall gesprochen.
Wandeln Sie die Sätze in Fragen mit Melodieanstieg um und vergleichen Sie Ihre Fassung mit dem Band!

→ Sie kạnnten das Buch?

1 Ein Sachbuch.
2 Vom Fachbuchverlag.
3 Sehr teuer.
4 Wo steht die Reiseliteratur?
5 Ein Buch über Indonesien.
6 Und ein Roman von Dostojewski.

Lösung

Ein Sachbuch?
Vom Fachbuchverlag?
Sehr teuer?
Wo steht die Reiseliteratur?
Ein Buch über Indonesien?
Und ein Roman von Dostojewski?

Übung 12

Sie hören Äußerungen, in denen normaler und großer Melodiefall gegenübergestellt werden.
Sprechen und summen Sie bitte nach!

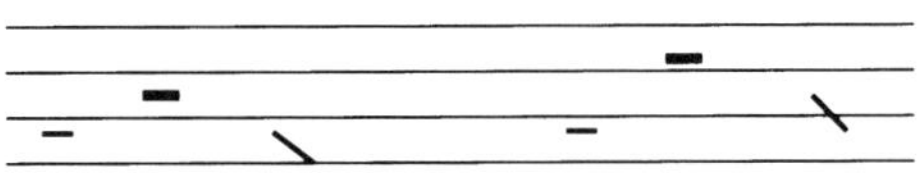

Nun <u>geh</u> schon. - Nun <u>geh</u> schon!

Großer Melodiefall (↘) bei:
- kontrastiver Akzentuierung,
- emphatischer Akzentuierung,
- erregten oder gefühlvollen Äußerungen.

1
2
3
4

Nun geh schon!
Ich will aber nicht gehen.
Das gefällt mir nicht.
Nun beeile dich doch!

5 Das ist ja wunderbar.
6 Ich freue mich.

Übung 13

Im Streit

Sie hören Äußerungen mit großem Melodiefall.
Sprechen Sie bitte energisch nach!

1 Aber natürlich höre ich dich!
2 Was schreist du denn so!
3 Nun antworte endlich!
4 Verflucht noch mal!
5 Wer schreit, hat Unrecht.
6 Ich will nicht mehr!

Wenn zwei sich streiten, freut sich der dritte.

Übung 14

Beim Einkauf

Sie hören Äußerungen mit Kontrastakzent und großem Melodiefall.
Sprechen Sie bitte nach!

1 Keinen schwarzen, sondern grünen Tee.
2 Diesmal nehm' ich aber Rotwein.
3 Bitte ein Brot, aber ein Schwarzbrot!
4 Ich sehe hier nur Kaffeekannen, wo stehen denn die Teekannen?
5 Ich möchte eine Salami, aber eine ungarische!
6 Bitte Paprika, den gelben dort!

Bilden Sie weitere Beispiele!
Was brauchen Sie nötig, und was brauchen Sie nicht?

Kauf braucht hundert Augen, Verkauf hat an einem genug.

Übung 15

Sie hören den schwebend-progredienten Melodieverlauf.
Sprechen Sie bitte nach!

Schwebender Melodieverlauf (→) bei:
- nichtabgeschlossenen Äußerungen,
- Unentschlossenheit oder Unsicherheit.

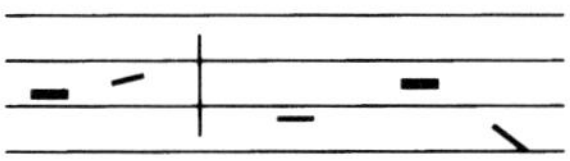

Borgen | bringt"Sorgen.

1 Viel Wein ... /macht dumme Leute./
2 Beim Trinken und Essen ... /wird der Kummer vergessen./
3 Viel Feind ... /viel Ehr'./
4 Er kam, ... /sah und siegte /
5 Hallo, ... /ich grüße dich./

Welche Ergänzungen würden Sie vorschlagen?

Übung 16

Über den Fremdsprachenunterricht

Sie hören die folgenden Äußerungen mit schwebender Melodie.
Ergänzen Sie und sprechen Sie nach!

1 Wir lernen die deutsche Sprache ...
2 Zuerst kommt die Phonetik ...
3 Wir üben den Rhythmus ...
4 Die Melodisierung fällt uns schwer ...
5 Wir verwenden Handbewegungen ...
6 Das ist interessant ...

Lösungsvorschlag

, weil wir nach Deutschland fahren wollen.
, denn sie ist sehr wichtig.
und die Akzentuierung.
, denn wir hören sie so schlecht.
, um den Takt zu schlagen.
und macht viel Spaß.

Übung 17

Aus dem Schatz unserer Sprichwörter

Sie hören Äußerungen, die durch eine Pause gegliedert sind.

Achten Sie auf den schwebenden Melodieverlauf im Bereich der Pause und sprechen Sie nach!

1

2

3

4

5

6

Wer die Krankheit heilen soll, der muß sie kennen.
Wenn der Tag zu Ende, regt der Faule die Hände.
Wer ohne Freud ist, lebt nur halb.
Je später der Abend, je schöner die Gäste.
Allzeit fröhlich, ist unmöglich.
Ende gut, alles gut.

Übung 18

Wenn Weihnachten alles durcheinander gerät ...

Stellen Sie bitte die Ordnung wieder her und sprechen Sie die Beispiele mit Pausen!

1 Der Vater bekommt eine Puppe.

2 Der kleine Hans findet eine Bohrmaschine.

3 Die Großmutter hat eine rote Badehose geschenkt bekommen.

4 Die Mutter wollte gern eine Pfeife haben.

5 Die sechsjährige Anke hat sich Parfüm gewünscht.

6 Der Großvater hat sich über seine Handtasche gefreut.

Lösung

Der Vater/bekommt eine Bohrmaschine.
Der kleine Hans/findet eine rote Badehose.
Die Großmutter/hat eine Handtasche geschenkt bekommen.
Die Mutter/wollte gern Parfüm haben.
Die sechsjährige Anke/hat sich eine Puppe gewünscht.
Der Großvater hat sich über seine Pfeife gefreut.

Kleine Geschenke erhalten die Freundschaft.

Übung 19

Hören Sie bitte die folgende Anekdote über den Komponisten Johannes Brahms.
Ergänzen Sie die Satzzeichen und schreiben Sie die Satzanfänge groß!

Sprechen Sie dann den Text!

Johannes Brahms war zu einem Abendessen eingeladen die schönsten Fleischstücke von Rind Schwein und Huhn wurden aufgetragen Brahms speiste mit gutem Appetit als Nachtisch servierte ihm die Tochter des Hauses Beethoven Mozart und auch Brahms auf dem Klavier nach dem Vortrag eilte die Mutter auf den Komponisten zu und fragte gespannt großer Meister welches Stück hat Ihnen am besten gefallen ruhig antwortete Brahms das Stück vom Rind

Lösung

Johannes Brahms war zu einem Abendessen eingeladen. Die schönsten Fleischstücke von Rind, Schwein und Huhn wurden aufgetragen. Brahms speiste mit gutem Appetit. Als Nachtisch servierte ihm die Tochter des Hauses Beethoven, Mozart und auch Brahms auf dem Klavier. Nach dem Vortrag eilte die Mutter auf den Komponisten zu und fragte gespannt: „Großer Meister, welches Stück hat Ihnen am besten gefallen?“ Ruhig antwortete Brahms: „Das Stück vom Rind.“

Übung 20

Sie hören zum Abschluß ein Gedicht von Goethe. Lesen Sie bitte mit und sprechen Sie dann den Text!

Woher sind wir geboren?
  Aus Lieb.
Wie wären wir verloren?
  Ohn Lieb.
Was hilft uns überwinden?
  Die Lieb.
Kann man auch Liebe finden?
  Durch Lieb.
Was läßt nicht lange weinen?
  Die Lieb.
Was soll uns stets vereinen?
  Die Lieb.

5 A-Laute

Übung 1

Sie hören zu Beginn ein Sprachspiel.
Lesen Sie bitte still mit!

Ein Hase saß auf einer Bank.
Sein a war – ach – so matt und krank.
Da kamen Boote grad vorbei,
die hatten von dem o gleich zwei.
Der Hase bat, man gab ein o,
die Boote wurden Boten so.
Der Hase staunte wunderbar,
daß er nun eine Hose war.

nach H. Friedrich

Es gibt zwei A-Laute:
langes A – [aː]
kurzes A – [a]

[aː] — a — b**a**den
[aː] — ah — B**ah**n
[aː] — aa — St**aa**t

[a] — a — Kl**a**sse
[a] — a — **A**lter
[a] — a — **a**n, **a**b, d**a**s

Zungenrücken flach, Kieferöffnung sehr groß, heller Klang

Achtung!
Keine Klangveränderung, z. B. in Richtung O-Laute!

Übung 2

Welches Wort hören Sie?
Unterstreichen Sie es bitte!

Langes A	Kurzes A
Staat	<u>Stadt</u>
1 raten	Ratten
2 Saat	satt
3 Wahl	Wall
4 Hasen	hassen
5 Bahn	Bann
6 Kahn	kann
7 Stahl	Stall
8 Wahn	wann

Lösung

raten
Saat
Wall
hassen
Bahn
Kahn
Stall
wann

Übung 3

Eine Kaffeetafel

Sie hören Wortgruppen.
Sprechen Sie bitte nach!

1 eine Kaffeetafel
2 am Sonntagnachmittag
3 Tante Gerda einladen

4

5

6

starker Kaffee mit Kaffeesahne
eine Bananentorte mit Schlagsahne
ein Glas Kognak anbieten

Das ist alles kalter Kaffee.

Übung 4

Ergänzen Sie die folgenden Substantive durch den Artikel und das Adjektiv!
Sprechen Sie bitte die Wortgruppe!

Fahrt/lang → die lange Fahrt

1 Fahrrad/alt
2 Straße/naß
3 Bach/klar
4 Wasser/kalt
5 Graben/flach
6 Wald/schattig

Lösung

das alte Fahrrad
die nasse Straße
der klare Bach
das kalte Wasser
der flache Graben
der schattige Wald

Verwenden Sie die Wortgruppen in Sätzen!
Erzählen Sie eine Geschichte!

So mancher hat sich schon beklagt:
Ach, hätt' ich das doch nicht gesagt!

Wilhelm Busch

Übung 5

So ein Ärger

Sie hören Äußerungen.
Sprechen Sie bitte ebenso energisch nach!

1 Endlich sind sie da!
2 Freitag habe ich angerufen.
3 Acht Tage warte ich jetzt.
4 Da, die Badewanne ist kaputt.
5 Ich kann nicht baden.

6

7

8

Ich kann nicht waschen, schade.
Das ist ja allerhand!
Was raten Sie mir nun?

Übung 6

Bilden Sie zu folgenden Infinitiven trennbar zusammengesetzte Verben mit *an-* und *ab-*!

halten → anhalten / abhalten

1 sagen
2 fahren
3 zahlen
4 tragen
5 machen
6 schlagen

Suchen Sie weitere Beispiele!
Verwenden Sie die Verben in Wortgruppen!

Lösung

ansagen / absagen
anfahren / abfahren
anzahlen / abzahlen
antragen / abtragen
anmachen / abmachen
anschlagen / abschlagen

Übung 7

Bilden Sie zu folgenden Wörtern Adjektive mit *-sam*!
Sprechen Sie die Ausgangswörter und die Adjektive!

raten → raten – ratsam

1 wachen
2 arbeiten
3 unterhalten
4 sparen
5 lange
6 achten

Lösung

wachen – wachsam
arbeiten – arbeitsam
unterhalten – unterhaltsam
sparen – sparsam
lange – langsam
achten – achtsam

Übung 8

Aus drei mach zwei

Bilden Sie aus folgenden Substantiven jeweils zwei verschiedene Zusammensetzungen!

die Bücher / der Schrank / die Wand
→ der Bücherschrank

→ die Schrankwand

1 der Montag/der Abend/die Kasse

2 das Bad/der Mantel/der Kragen

3 die Stadt/der Park/die Bank
4 die Straße/die Bahn/die Schranke

5 die Stadt/die Tasche/der Kamm

6 das Jahr/die Zahl/die Karte

Lösung

der Montagabend/die Abendkasse
der Bademantel/der Mantelkragen
der Stadtpark/die Parkbank
die Straßenbahn/die Bahnschranke
die Stadttasche/der Taschenkamm
die Jahreszahl/die Zahlkarte

Übung 9

Beantworten Sie bitte die folgenden Fragen mit Hilfe der vorgegebenen Wortgruppen! Sprechen Sie mit Emotion!

Raten Sie mir, nachts zu arbeiten? /der Tag/
→ Arbeiten Sie lieber am Tag!

1 Darf ich am Nachmittag baden? /der Abend/
2 Soll ich den Vater fragen? /Maria/
3 Raten Sie mir, am Sonntag zu fahren? /Samstag/
4 Soll ich die Tasche tragen? /das Paket/
5 Kann ich im April anfangen? /der Januar/
6 Kann ich in Raten bezahlen? /der gesamte Betrag/

Lösung

Baden Sie lieber am Abend!
Fragen Sie lieber Maria!
Fahren Sie lieber am Samstag!
Tragen Sie lieber das Paket!
Fangen Sie lieber im Januar an!
Bezahlen Sie lieber den gesamten Betrag!

Lieber das Halbe ganz als das Ganze halb.

Übung 10

Sie hören einen Text über Johann Sebastian Bach. Ergänzen Sie bitte die fehlenden Wörter!

Johann Sebastian Bach stammt aus einer .... Sein Vater war .... in der Stadt Eisenach. Bachs .... wurde schon bald .... Er arbeitete unter anderem in Weimar, ... ,

Lösung

alten
Musikerfamilie, Ratsmusiker
musikalische Begabung
überall bekannt
Arnstadt

Anhalt-Köthen und Leipzig. Sehr bekannt sind seine geistlichen und weltlichen .... seiner Werke werden auch in der .... noch aufgeführt.

Kantaten
Zahlreiche
Gegenwart

Übung 11

Der vorsichtige Träumer

Lesen Sie die folgende Erzählung nach Johann Peter Hebel!
Erzählen Sie dann die Geschichte nach!

In dem Städtlein Witlisbach im Kanton Bern hat einmal ein Fremder übernachtet. Als er ins Bett gehen wollte und bis auf das Hemd ausgekleidet war, nahm er ein Paar Pantoffeln, zog sie an und band sie an den Füßen fest. So lag er nun im Bett. Da sagte ein anderer Wandersmann, der auch da übernachtete: „Guter Freund, warum macht ihr das?“ Darauf erwiderte der Erste: „Wegen der Vorsicht. Denn ich bin einmal im Traum in eine Glasscherbe getreten. Davon habe ich im Schlaf solche Schmerzen empfunden, daß ich um keinen Preis mehr barfuß schlafen möchte.“

Übung 12

Sie hören ein Gedicht und einen Kindervers.
Lesen Sie still mit und anschließend laut!

Ein Autohalter ist ein Mann,
der einen Wagen halten kann.
Ob er's tatsächlich auch vermag,
bringt erst die Praxis an den Tag.

F. U. Gass

Berechtigte Frage

Frau von Hagen,
Darf ich's wagen,
Sie zu fragen,
Wieviel Kragen,
Sie getragen,
Als Sie lagen,
Krank am Magen,
Im Spital zu Kopenhagen!

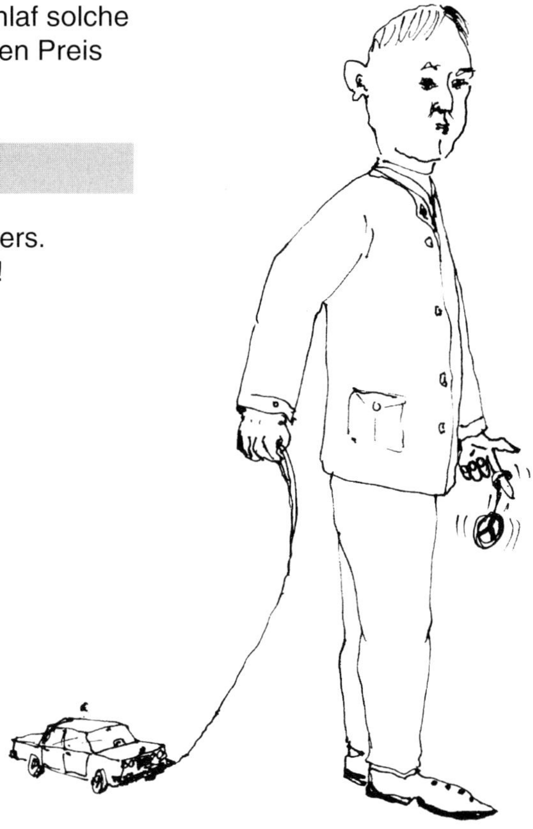

6 E-Laute

Übung 1

Sie hören zu Beginn eine kleine Geschichte. Lesen Sie still mit!

Wer redet schon vom Ä

Eines Tages beschloß das Ä fortzugehen, weil es an jedem Orte vom E bedrängt wurde. Es glaubte, keiner nähme es mehr ernst. Schon redeten nicht wenige davon, daß die Tage des Ä nun gezählt seien. Aber welch Erschrecken: Die Krähe guckte ganz ängstlich, die kleinen Häschen versteckten sich, die Bären brüllten ärgerlich. Sogar die Ähren auf dem Feld schämten sich und meinten, man nähme ihnen alle Ehre. Und der Konjunktiv erst, er wollte sogleich mit dem Ä mitgehen. Es gab sogar Tränen. Erst ein kleines Mädchen erreichte, daß es dem Ä wieder wärmer ums Herz wurde. Es lächelte nämlich.

Kerstin Reinke

Es gibt drei E-Laute:
langes geschlossenes E – [eː]
kurzes offenes E – [ɛ]
langes offenes E – [ɛː]

[eː]	e	W**e**g
	eh	s**eh**en
	ee	T**ee**
[ɛ]	e	st**e**llen, **e**s
	ä	kr**ä**ftig
[ɛː]	ä	sp**ä**t
	äh	z**äh**len

vorderer Zungenrücken halbhoch, Kieferöffnung bei [eː] halb so groß wie bei den A-Lauten, bei [ɛː] und [ɛ] etwas größer, Lippen nicht gerundet

Achtung!
Keine Klangveränderung, z. B. in Richtung I-Laute!

Übung 2

Welches Wort hören Sie? Bitte markieren Sie es!

<u>Beet</u>	Bett
1 den	denn
2 stehlen	stellen
3 wen	wenn
4 beten	Betten
5 Kehle	Kelle
6 Wesen	wessen

Lösung

den
stellen
wen
Betten
Kelle
Wesen

Übung 3

Welchen Familiennamen hören Sie? Bitte markieren Sie ihn!

Hägel	<u>Hegel</u>
1 Kähle	Kehle
2 Bärmann	Beermann
3 Häring	Hering

Lösung

Kähle
Bärmann
Hering

4 Gäbel	Gebel	Gäbel
5 Mäde	Mehde	Mehde
6 Schädel	Schedel	Schedel

Übung 4

Welchen Vokal hören Sie in der Akzentsilbe der folgenden Wörter?
Verwenden Sie die folgenden Zeichen:
kurzes offenes E: [ɛ], langes offenes E: [ɛː], langes geschlossenes E: [eː]!

Beeren → [eː]

1 heben [ ]
2 hell [ ]
3 spät [ ]
4 nähen [ ]
5 Dresden [ ]
6 Bäcker [ ]
7 wählen [ ]
8 häßlich [ ]

Lösung

[eː]
[ɛ]
[ɛː]
[ɛː]
[eː]
[ɛ]
[ɛː]
[ɛ]

Übung 5

Sie hören Wörter.
Ergänzen Sie die fehlenden Buchstaben!
Achtung: Manchmal sind es zwei!

l...sen → lesen

1 spr...chen
2 z...n
3 w...ren
4 B...tt
5 B...ren
6 s...en
7 w...len
8 st...llen

Lösung

sprechen
zehn
wehren
Bett
Beeren
sehen
wählen
stellen

Übung 6

Hören Sie die folgenden Äußerungen und sprechen Sie bitte nach!

1 Eva und Erich sind im Urlaub.
2 Es regnet seit zehn Tagen.

3 Sie gehen sehr oft spazieren.
4 Aber viele Gehwege sind auch Fahrwege.
5 Die See ist sechzehn Kilometer entfernt.
6 Soll man wegen des Regens nur sitzen und lesen?

Sich regen bringt Segen.

Übung 7

Im Urlaub

Sprechen Sie die folgenden Äußerungen nach!

1 Wenn Langschläfer im Hotel frühstücken ...
2 Sie kommen täglich zu spät.
3 Die Teller und Gläser sind schon fast leer.
4 Jedesmal können sie nur noch Käse essen.
5 Käsehäppchen mit geschälten Äpfeln.
6 Ein gutes Gespräch macht alles erträglich.

Erzählen Sie nun mit diesen Beispielen eine kleine Geschichte!

Wenn ein Hahn kräht, so krähen sie alle.

Übung 8

Bilden Sie von folgenden Substantiven die Pluralform!

das Glas → die Gläser

1 der Zahn
2 das Bad
3 der Schaden
4 der Vater
5 der Spaß
6 der Faden

Lösung

die Zähne
die Bäder
die Schäden
die Väter
die Späße
die Fäden

Langes Fädchen, faules Mädchen.

Übung 9

Wünsche

Bilden Sie den Konjunktiv! Sprechen Sie die Beispiele dann so, daß der Wunsch besonders deutlich wird!

Sie nahmen es. → Wenn Sie es doch nähmen!

1 Er war es.
2 Sie kam.
3 Sie gab es mir.
4 Sie taten es.
5 Es lag da.
6 Sie sprachen.

Lösung

Wenn er es doch wäre!
Wenn sie doch käme!
Wenn sie es mir doch gäbe!
Wenn sie es doch täten!
Wenn es doch daläge!
Wenn sie doch sprächen!

Wenn das Wörtchen wenn nicht wär,
wär mein Vater Millionär.

Übung 10

Ursache und Wirkung

Ergänzen Sie die passenden Nebensätze!
Lesen Sie dann die Beispiele laut!

1 Erika hätte ja den Pullover genommen, wenn ...

2 Bettina und Eberhard wären in den Garten gekommen, wenn ...

3 Bärbel läge nicht im Krankenhaus, wenn ...

4 Peter und Jens wären die Fahrräder nicht gestohlen worden, wenn ...

5 Andrea wäre gern mitgekommen, wenn ...

6 Detlef hätte seinen Führerschein noch, wenn ...

Lösung

1 Erika hätte ja den Pullover genommen, wenn er nicht so teuer gewesen wäre.
2 Bettina und Eberhard wären in den Garten gekommen, wenn es nicht geregnet hätte.
3 Bärbel läge nicht im Krankenhaus, wenn sie die Pilze nicht gegessen hätte.
4 Peter und Jens wären die Fahrräder nicht gestohlen worden, wenn sie sie angeschlossen hätten.
5 Andrea wäre gern mitgekommen, wenn sie Zeit gehabt hätte.
6 Detlef hätte seinen Füh-

sie Zeit gehabt hätte.
er nicht bei Rot über die Kreuzung gefahren wäre.
es nicht geregnet hätte.
sie sie angeschlossen hätten.
sie die Pilze nicht gegessen hätte.
er nicht so teuer gewesen wäre.

rerschein noch, wenn er nicht bei Rot über die Kreuzung gefahren wäre.

Übung 11

Großes und Kleines

Bilden Sie von folgenden Substantiven die Diminutiv- bzw. Koseform!

die Flasche → das Fläschchen

1 die Hand
2 die Fahne
3 das Paar
4 der Garten
5 der Vater
6 die Katze

Lösung

das Händchen
das Fähnchen
das Pärchen
das Gärtchen
das Väterchen
das Kätzchen

Übung 12

Bilden Sie Komposita mit dem Grundwort *Weg-*! Vergleichen Sie mit der Lösung vom Band und sprechen Sie nach!

See → der Seeweg

1 gehen
2 bremsen
3 neben
4 Recht
5 Leben
6 Verkehr

Welche Wege kennen Sie noch?

Lösung

der Gehweg
der Bremsweg
der Nebenweg
der Rechtsweg
der Lebensweg
der Verkehrsweg

Übung 13

Bilden Sie Verben mit *fest-*!

legen → festlegen

1 kleben
2 treten
3 nehmen

Lösung

festkleben
festtreten
festnehmen

4 nähen
5 stellen
6 setzen

festnähen
feststellen
festsetzen

Übung 14

Sie hören einen Text über Bertolt Brecht! Ergänzen Sie bitte die fehlenden Buchstaben!

B...rtolt Br...cht, von seinen Ver...rern der große B. B. genannt, war ein w...ltbekannter Schriftst...ller und Th...aterth...or...tiker. ...r schrieb L...rstücke und sp...ter vor allem Dramen. Häufig w...lte er sozialkritische Th...men. In seiner Dreigroschenoper zum Beispiel erz...lt er vom ...l...nd in d...n großen St...dten, zugleich aber auf vergnügliche Weise, wie sich ein n...ttes M...dchen in einen großen Verbr...cher verliebt. T...xte aus dieser Oper, z. B. die Ballade vom angen...men L...ben, w...rden auch g...rn r...zitiert.

Lösung

Bertolt Brecht, von seinen Verehrern der große B. B. genannt, war ein weltbekannter Schriftsteller und Theatertheoretiker. Er schrieb Lehrstücke und später vor allem Dramen. Häufig wählte er sozialkritische Themen. In seiner Dreigroschenoper zum Beispiel erzählt er vom Elend in den großen Städten, zugleich aber auf vergnügliche Weise, wie sich ein nettes Mädchen in einen großen Verbrecher verliebt. Texte aus dieser Oper, z. B. die Ballade vom angenehmen Leben, werden auch gern rezitiert.

Übung 15

Mit Redensarten schimpfen

Sprechen Sie bitte die folgenden Sätze energisch! Eine Beispielfassung hören Sie vom Band.

1 Alles leeres Gerede!
2 Mit dir wird es ein klägliches Ende nehmen!
3 Neue Besen kehren gut.
4 Selber essen macht fett!
5 Wer sich wehrt, behält sein Pferd!
6 Ehrlich währt am längsten!

Suchen Sie weitere Redensarten, mit denen man Gefühle ausdrücken kann!

Übung 16

Benutzen Sie das folgende Wortgeländer für einen Bericht über Ihre Ferienpläne! Vergleichen Sie mit dem Lösungsvorschlag!

Ferien im September
an die See
Ostseebad Rerik
außerhalb der Saison

Lösungsvorschlag

Ferien im September sind sehr zu empfehlen. Wir fahren immer an die See, ins Ostseebad Rerik. Außer-

weniger Feriengäste
keine Probleme in den Gaststätten und Cafés
sechzehn Grad Wassertemperatur
auch lesen, fernsehen und spazierengehen
in der Sonne noch sehr schön warm

halb der Saison sind dort weniger Feriengäste. Deshalb gibt es keine Probleme in den Gaststätten und Cafés. Zwar sind die Wassertemperaturen oft schon unter sechzehn Grad, aber man kann ja auch lesen, fernsehen und spazierengehen. Und in der Sonne ist es noch sehr schön warm.

Übung 17

Hören Sie zum Abschluß zwei Gedichte!
Sprechen Sie sie dann selbst!

Märchen

Ein Mensch, der einen andern traf,
Geriet in Streit und sagte: „Schaf"!
Der andre sprach: „Es wär Ihr Glück,
Sie nähmen dieses Schaf zurück!"
Der Mensch jedoch erklärte: Nein,
Er säh dazu den Grund nicht ein.
Das Schaf, dem einen nicht willkommen,
Vom andern nicht zurückgenommen,
Steht seitdem, herrenlos und dumm,
Unglücklich in der Welt herum.

Eugen Roth

Inserat im August

Die verehrlichen Jungen, welche heuer
meine Äpfel und Birnen zu stehlen gedenken,
ersuche ich höflichst, bei diesem Vergnügen
womöglich insoweit sich zu beschränken,
daß sie daneben auf den Beeten
mir die Wurzeln und Erbsen nicht zertreten.

Theodor Storm

Eines Tages beschloß das Ä fortzugehen ...

7 I-Laute

Übung 1

Sie hören zu Beginn ein Gedicht von Christian Morgenstern.
Lesen Sie bitte still mit!

Ein Wiesel
saß auf einem Kiesel
inmitten Bachgeriesel.
Wißt ihr
weshalb?

Das Mondkalb
verriet es mir
im stillen:
Das raffinier-
te Tier
tat's um des Reimes willen.

Es gibt zwei I-Laute:
langes geschlossenes I – [iː]
kurzes offenes I – [ɪ]

[iː] — i — Kino
[iː] — ie — **sie**ben
[iː] — ih — **ih**r
[iː] — ieh — Bez**ieh**ung

[ɪ] — i — B**i**tte
[ɪ] — i — **i**n, b**i**s

vorderer Zungenrücken hoch, Kieferöffnung bei [iː] klein, bei [ɪ] etwas größer, Lippen nicht gerundet

Achtung!
Keine Klangveränderung, z. B. in Richtung E-Laute!

Übung 2

Sie hören Wörter mit langem oder kurzem I-Laut.
Geben Sie an, ob der akzentuierte Vokal lang (l) oder kurz (k) ist!

bieten → (l)

1
2
3
4
5
6

Lösung

ihn (l)
wir (l)
in (k)
bitten (k)
Miete (l)
wissen (k)

Übung 3

Bilden Sie zu folgenden Substantiven die entsprechenden Verben mit *-ieren*!
Vergleichen Sie mit der Lösung vom Band und sprechen Sie nach!

das Studium → studieren

1 der Marsch
2 der Verlust

Lösung

marschieren
verlieren

3 die Reaktion
4 die Fantasie
5 die Musik
6 die Probe

reagieren
fantasieren
musizieren
probieren

Suchen Sie noch andere Wörter mit *-ieren*!

Kopieren geht über studieren.

Übung 4

Sie hören Fragen.
Achten Sie auf die Intonation und sprechen Sie bitte nach!

1 Wie komme ich ins Institut?
2 Wie weit muß ich fahren?
3 Wieviel kostet die Fahrt?
4 Wieso ist sie so teuer?
5 Wie lange dauert die Fahrt?
6 An der wievielten Station muß ich aussteigen?

Übung 5

Sie hören Äußerungen aus Streitgesprächen.
Sprechen Sie die Sätze der Situation entsprechend nach!

1 Sie irren sich wirklich!
2 Das ist ja schlimm mit dir!
3 Nie wieder spiele ich mit!
4 Das interessiert mich nicht!
5 Das könnt ihr mit mir nicht machen!
6 Dich will ich niemals wiedersehen!

Übung 6

Bilden Sie von folgenden Verben die 1. Person Singular und Plural Präteritum!
Vergleichen Sie Ihr Ergebnis mit der Lösung und lesen Sie laut!

braten → ich briet, wir brieten

	Lösung
1 schreiben	ich schrieb, wir schrieben

2 raten	ich riet, wir rieten
3 fallen	ich fiel, wir fielen
4 halten	ich hielt, wir hielten
5 gehen	ich ging, wir gingen
6 anfangen	ich fing an, wir fingen an

Verwenden Sie die Verben in Wortgruppen!

Übung 7

I- oder E-Laut?

Notieren Sie das richtige Transkriptionszeichen! Vergleichen Sie dann mit der Lösung und sprechen Sie nach!

helfen → [ɛ]

1
2
3
4
5
6
7
8

Lösung

Wille [ɪ]
Welle [ɛ]
finster [ɪ]
Fenster [ɛ]
Betten [ɛ]
bitten [ɪ]
Stelle [ɛ]
Stille [ɪ]

Übung 8

Welches Wort hören Sie?
Unterstreichen Sie es bitte!

	mehr	<u>mir</u>
1	wer	wir
2	legen	liegen
3	leben	lieben
4	beten	bieten
5	flehen	fliehen
6	Teer	Tier

Lösung

wer
liegen
lieben
beten
fliehen
Tier

Übung 9

Sie hören Verben.
Bilden Sie die 2. und 3. Person wie im Muster! Vergleichen Sie mit der Lösung vom Band!

essen → du ißt, er ißt

1 messen

Lösung

du mißt, er mißt

2 helfen
3 legen
4 sehen
5 nehmen
6 geben

du hilfst, er hilft
du liegst, er liegt
du siehst, er sieht
du nimmst, er nimmt
du gibst, er gibt

Wer nicht liebt, lebt nicht.

Übung 10

Wie spät ist es? Antworten Sie in verschiedenen Varianten!

 → Es ist vier Uhr. / Es ist 16 Uhr. / Es ist Punkt vier.

1 

2 

3 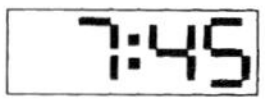

4 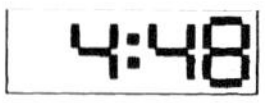

5 

6 

Lösung

Es ist vier Uhr vierzig. / Es ist zwanzig vor fünf. / Es ist zehn nach halb fünf.
Es ist sieben Uhr. / Es ist 19 Uhr. / Es ist Punkt sieben.
Es ist sieben Uhr fünfundvierzig. / Es ist dreiviertel acht. / Es ist viertel vor acht.
Es ist vier Uhr achtundvierzig. / Es ist zwölf vor fünf.
Es ist fünf Uhr. / Es ist 17 Uhr. / Es ist Punkt fünf.
Es ist 17 Uhr 7. / Es ist sieben Minuten nach 17 Uhr.

Eins, zwei, drei im Sauseschritt
eilt die Zeit; wir eilen mit.

Wilhelm Busch

Übung 11

Nach Adam Riese

Stellen Sie folgende Rechenaufgaben und nennen Sie das Ergebnis !
Vergleichen Sie es mit der Lösung vom Band!

4 + 4 = (ist) → 8 (acht)

1 7 + 10 =
2 4 + 7 =
3 4 + 10 =
4 40 + 4 =
5 43 + 24 =
6 64 + 14 =
7 414 + 30 =

8 700 + 77 =

Lösung

17 (siebzehn)
11 (elf)
14 (vierzehn)
44 (vierundvierzig)
67 (siebenundsechzig)
78 (achtundsiebzig)
444 (vierhundertvierundvierzig)
777 (siebenhundertsiebenundsiebzig)

Übung 12

Sie hören einen Text über die Brüder Grimm.
Ergänzen Sie bitte die fehlenden Wörter!

Die Brüder Jakob und .... Grimm begründeten .... als Sprach- und Literaturwissenschaft. Insbesondere wirkten sie aber .... der Volkspoesie. Von Kinderfrauen und Großmüttern .... Märchen erzählen. Diese Märchen .... auf. Die „Kinder- und Hausmärchen" sind in rund .... Sprachen übersetzt worden. .... mit den Worten: „Es war einmal ..."

Lösung

Wilhelm
die Germanistik
für
die Wiederbelebung
ließen sie sich
schrieben
sie
siebzig, Viele
Märchen beginnen

Übung 13

Sie treffen nach langer Zeit unverhofft Ihren Freund Dieter.

Bilden Sie aus den Wortgruppen vollständige Sätze!
Vergleichen Sie Ihre Lösung mit unseren Vorschlägen!

Begrüßen Sie Dieter!
Erkundigen Sie sich
- , wie es ihm geht,
- , was er studiert,
- , was seine Freundin Inge macht,
- nach Inges Studium,
- , wo er jetzt wohnt (Liebigstraße 44, 7. Stock)!

Verabschieden Sie sich von Dieter!

Lösungsvorschläge

Hallo, Dieter. / Tag, Dieter.
Wie geht's dir? / Geht's dir gut?
Was studierst du? / Studierst du Medizin / Mathematik / Physik?
Was macht Inge? / Geht es ihr gut? / Bist du noch mit ihr zusammen?

Was studiert Inge? / Studiert Inge Germanistik / Biologie / Journalistik?
Wohnst du noch in der Liebigstraße 44, im 7. Stock?
Wiedersehen. / Mach's gut, Dieter.

Übung 14

Achtung, Schnellsprechverse!

Hören Sie bitte zunächst nur zu!
Lesen Sie dann mit und sprechen Sie die Schnellsprechverse selbst, erst langsam und dann immer schneller!
Sieben Schneeschipper schippen sieben Schippen Schnee; sieben Schippen Schnee schippen sieben Schneeschipper.

Wenn Fliegen hinter Fliegen fliegen, fliegen Fliegen Fliegen nach.

8 O-Laute

Übung 1

Sie hören zu Beginn eine Gedichtstrophe.
Lesen Sie still mit! Achten Sie auf den Unterschied zwischen [oː] und [ɔ]!

Hoch oben hängt der Mond,
Er hängt schon lange dort.
Man ist ihn schon gewohnt,
Doch oft ist er auch fort. *nach H. Oess*

Es gibt zwei O-Laute:
langes geschlossenes O – [oː]
kurzes offenes O – [ɔ]

[oː] — o — **Brot**
[oː] — oh — **wohnen**
[oː] — oo — **Boot**

[ɔ] — o — **voll**
[ɔ] — o — **ob, von**

hinterer Zungenrücken halbhoch, Kieferöffnung wie bei den E-Lauten, Lippen deutlich gerundet, bei [oː] kleinere Kieferöffnung und stärkere Lippenrundung als bei [ɔ]

Achtung!
Keine Klangveränderung, z. B. in Richtung U-Laute!

Übung 2

Sie hören Beispiele mit den beiden O-Lauten!
Achten Sie auf den Unterschied!

1 der Ofen – offen
2 die Sohlen – sie sollen
3 dem Sohne – die Sonne
4 zum Wohle – die Wolle
5 der Schoß – er schoß
6 er log – die Lok
7 er bohrt – an Bord
8 das Moos – der Most

Sprechen Sie die Beispiele nun nach!

Übung 3

Welchen O-Laut hören Sie?
Kreuzen Sie bitte an!

	[oː]	[ɔ]
im Sommer		×
1 zur Erholung		
2 an die Ostsee		
3 nach Ahrenshoop		
4 der Sohn		
5 die Tochter		
6 mit Koffern		
7 zum Gasthof		
8 im Kurort		

Lösung

	[oː]	[ɔ]
1	×	
2		×
3	×	
4	×	
5		×
6		×
7	×	
8		×

Übung 4

Hören Sie die folgenden Beispiele vom Band!
Transkribieren Sie die O-Laute!

schon oft → [oː] [ɔ]

1 Brot holen [ ] [ ]
2 rohes Obst [ ] [ ]
3 Kartoffeln kochen [ ] [ ]
4 der Korb ist voll [ ] [ ]
5 pro und contra [ ] [ ]
6 Montags geschlossen! [ ] [ ]
7 Wo wohnen Sie? [ ] [ ]
8 Wohin wollt ihr? [ ] [ ]

Hören Sie die Beispiele noch einmal an und sprechen Sie nach!
Achten Sie dabei auch auf die Akzentuierung!

Lösung

[oː] [oː]
[oː] [oː]
[ɔ] [ɔ]
[ɔ] [ɔ]
[oː] [ɔ]
[oː] [ɔ]
[oː] [oː]
[oː] [ɔ]

Übung 5

Bilden Sie trennbar zusammengesetzte Verben mit *los-* und *vor-*!

lassen → loslassen / vorlassen

1 sagen
2 legen
3 machen
4 gehen
5 laufen
6 fahren

Lesen Sie die neu gebildeten Verben laut!

Lösung

lossagen / vorsagen
loslegen / vorlegen
losmachen / vormachen
losgehen / vorgehen
loslaufen / vorlaufen
losfahren / vorfahren

Wer seine Sorgen los wird, hat genug gewonnen.

Übung 6

Bilden Sie zu folgenden Substantiven Adjektive mit *-voll*!

Sorgen → sorgenvoll

1 Wonne
2 Humor

Lösung

wonnevoll
humorvoll

3 Vorwurf
4 Hoffnung
5 Verantwortung
6 Hochachtung

vorwurfsvoll
hoffnungsvoll
verantwortungsvoll
hochachtungsvoll

Übung 7

Eine Bootsfahrt

Lesen Sie den Text! Unterstreichen Sie bitte die Wörter mit kurzem offenem O!

Am Wochenende wollen wir Boot fahren. Von Potsdam aus in Richtung Nordost bis Oranienburg. Wir holen die Boote morgen vom Bootsverleih. Wollt Ihr mitkommen? Wir sind schon vier: Jochen, Monika, Holger und Rosi. Wir treffen uns am Sonnabend kurz vor acht Uhr vor dem Bootshaus.

Sprechen Sie die unterstrichenen Wörter und lesen Sie dann den ganzen Text laut!

Lösung

Wochenende, wollen, von, Potsdam, Nordost, morgen, vom, wollt, mitkommen, Jochen, Holger, Sonnabend

Wir sitzen alle im selben Boot.

Übung 8

Sie hören Ausrufe.
Sprechen Sie sie bitte mit ähnlicher Emotion nach!

1 Hallo!
2 Gute Erholung!
3 Zum Wohl!
4 Prosit Neujahr!
5 Ein toller Erfolg!
6 Unverhofft kommt oft!
7 Wohl bekomm's!
8 Schön, daß ihr vorbeikommt!

Übung 9 (1. Teil)

Was macht ihr morgen?

Lesen Sie die folgenden Fragen und achten Sie auf die unterschiedlichen O-Laute!

1 Was macht ihr übermorgen?

2 Und was habt ihr am Montag vor?
3 Geht ihr am Donnerstag fort?
4 Kommt ihr am Sonnabend zur Hochzeit?
5 Wohin geht ihr am Sonntag?
6 Wohin reist ihr im Sommer?

Übung 9 (2. Teil)

Sie hören die Fragen jetzt vom Tonband.
Antworten Sie darauf nach folgendem Muster und vergleichen Sie Ihre Lösung mit dem Band!

Was macht ihr morgen? /Zoo gehen/
→ Wir wollen in den Zoo gehen.

1 Was macht ihr übermorgen? /ein Chorkonzert hören/
2 Und was habt ihr am Montag vor? / Volleyball spielen/
3 Geht ihr am Donnerstag fort? /ja, Großeltern besuchen/
4 Kommt ihr am Sonnabend zur Hochzeit? /nein, nach Konstanz am Bodensee fahren/
5 Wohin geht ihr am Sonntag /in die Komische Oper/
6 Wohin reist ihr im Sommer? /an die polnische Ostsee reisen/

Finden Sie zu den Fragen eigene Antworten!

Lösung

Wir wollen ein Chorkonzert hören.
Wir wollen Volleyball spielen.
Ja, wir wollen die Großeltern besuchen.
Nein, wir wollen nach Konstanz am Bodensee fahren.
Wir wollen in die Komische Oper gehen.
Wir wollen an die polnische Ostsee reisen.

Morgenstunde hat Gold im Munde.

Übung 10

Sie hören einen Text über Wolfgang Amadeus Mozart.
Ergänzen Sie die fehlenden Wörter!

Wolfgang Amadeus Mozart wurde 1756 in Salzburg .... Er war der .... des Violonisten Leopold Mozart. .... mit viereinhalb Jahren .... er .... schreiben. Als Kind spielte er am .... des Erzbischofs .... 1763 reiste er mit seinem Vater .... nach Frankfurt, Paris und

Lösung

geboren, Sohn
Schon
konnte, Noten
Hofe, vor,
Leopold

.... Zu dieser Zeit wurden bereits seine ersten .... gedruckt. 1769 wurde er am Salzburger .... und 1779 Hoforganist. Doch der .... sah in Mozart vor allem einen Bediensteten. Deshalb ging Mozart nach Wien. .... starb der .... Komponist schon 1791. Mozart .... zahlreiche Sonaten, Violin- und Klavierkonzerte, ... und ....

London
Violinkonzerte
Hof, Konzertmeister
Erzbischof

Dort, hochbegabte
komponierte

Sinfonien, Opern

Lesen Sie den ganzen Text laut!

Nach dem Tod kommt das Lob.

Übung 11

Zum Abschluß hören Sie ein kleines Gedicht.
Lesen Sie still mit!

Sprichwörtliches

Ein Mensch bemerkt mit bitterm Zorn,
Daß keine Rose ohne Dorn.
Doch muß ihn noch viel mehr erbosen,
Daß sehr viel Dornen ohne Rosen.

Eugen Roth

Lesen Sie den Text laut!

Morgen, morgen –
nur nicht heute,
sagen alle faulen Leute.

9 U-Laute

Übung 1

Sie hören zu Beginn ein Gedicht.
Achten Sie auf den Unterschied zwischen langem geschlossenem und kurzem offenem U!

Kurt gab Julchen einen Kuß
unter'm Schirm beim Regenguß.
Julchen wurde sehr verlegen,
nahm es dann entsetzlich krumm.
Schaut sich nun, ist Kurt zugegen,
immerzu nach Regen um.

Anonym

Es gibt zwei U-Laute:
langes geschlossenes U – [uː]
kurzes offenes U – [ʊ]

[uː] — u — **Buch**
[uː] — uh — **Stuhl**

[ʊ] — u — **Gruppe**

hinterer Zungenrücken hoch, Kieferöffnung klein wie bei den I-Lauten, Lippen deutlich gerundet, bei [uː] kleinere Kieferöffnung und stärkere Lippenrundung als bei [ʊ]

Achtung!
Keine Klangveränderung, z. B. in Richtung O-Laute!

Übung 2

Sie hören Wortgruppen.
Achten Sie auf den Unterschied zwischen den beiden U-Lauten!

1	er schuf – der Schuft
2	er sucht – die Sucht
3	er flucht – die Flucht
4	die Schule – die Schulter
5	die Ruhe – die Runde
6	der Ruhm – der Rum
7	das Huhn – der Hund
8	das Mus – er muß

Hören Sie die Beispiele noch einmal und sprechen Sie sie nach!

Übung 3

Welchen U-Laut hören Sie?
Kreuzen Sie bitte an!

	[uː]	[ʊ]
der Kuß		×
1 der Fuß		
2 der Fluß		
3 der Gruß		

Lösung

[uː]	[ʊ]
×	
	×
×	

4 der Schluß
5 der Husten
6 das Muster
7 der Bus
8 das Pulver

Wer am Tage Gutes tut,
hat am Abend frohen Mut.

Übung 4

Transkribieren Sie in den folgenden Beispielen die U-Laute!

ein bunter Blumengruß → [ʊ] [uː] [uː]

1 ein gutes Buch [ ] [ ]
2 die Geburtsurkunde [ ] [ ] [ ]
3 jung und gesund [ ] [ ] [ ]
4 Hunger und Durst [ ] [ ] [ ]
5 eine Rundfunksendung [ ] [ ] [ ]
6 die Schuhe putzen [ ] [ ]

Hören Sie die Beispiele noch einmal und sprechen Sie nach!
Achten Sie dabei auch auf die Akzentuierung!

Übung 5

Lesen Sie die Wortgruppen laut!
Unterscheiden Sie deutlich zwischen [uː] und [oː]!

1 der Gruß – er ist groß
2 er grub – er ist grob
3 das Ohr – die Uhr
4 der Chor – die Kur
5 der Flug – er flog
6 das Tor – die Tour

Übung 6

Sie hören Wortgruppen.
Unterscheiden Sie zwischen [ʊ] und [ɔ]!
Schreiben Sie die Beispiele mit!

1

×
×
×
×
×

Lösung

[uː] [uː]
[uː] [uː] [ʊ]
[ʊ] [ʊ] [ʊ]
[ʊ] [ʊ] [ʊ]
[ʊ] [ʊ] [ʊ]
[uː] [ʊ]

Lösung

der Schuß – er schoß

2
3
4
5
6

Lesen Sie die Beispiele laut!

In Ulm und um Ulm und um Ulm herum.

Übung 7

Bilden Sie zu folgenden Substantiven die Antonyme mit *ụn-* und ihre Adjektive!

die Ruhe → die Unruhe, unruhig

1 die Lust
2 die Schuld
3 die Pünktlichkeit
4 die Freundlichkeit
5 das Glück
6 die Genauigkeit

Übung 8

Bilden Sie zu folgenden trennbar zusammengesetzten Verben die 3. Person Singular Präteritum! Transkribieren Sie die verschiedenen U-Laute und lesen Sie anschließend die Beispiele laut! Beachten Sie auch den Wortakzent!

ụmgraben → er grub ụm [uː] [ʊ]

1 dụrchfahren
2 zuschlagen
3 zumuten
4 herụmfahren
5 ụmfahren
6 ụmladen

der Most – er muß
er konnte – der Kunde
der Russe – die Rosse
das Schloß – der Schluß
der Fluß – es floß

Lösung

die Unlust, unlustig
die Unschuld, unschuldig
die Unpünktlichkeit, unpünktlich
die Unfreundlichkeit, unfreundlich
das Unglück, unglücklich
die Ungenauigkeit, ungenau

Lösung

er fuhr dụrch [uː] [ʊ]
er schlug zu [uː] [uː]
er mutete (jdm. etwas) zu [uː] [uː]
er fuhr herụm [uː] [ʊ]
er fuhr (etwas) ụm [uː] [ʊ]
er lud (etwas) ụm [uː] [ʊ]

Übung 9

Was braucht man zum Kuchenbacken, was zum Suppekochen?
Sprechen Sie nach und ergänzen Sie!

Einen geputzten Blumenkohl ... → Einen geputzten Blumenkohl ... zum Suppekochen.

1 Ein Pfund Nudeln ...
2 Hundert Gramm Zucker ...
3 Zweihundert Gramm Butter ...
4 Ein Suppenhuhn ...
5 Einen Teelöffel Backpulver ...
6 Ein Pfund Putenbrust ...
7 Ein Bund Petersilie ...
8 Etwas Rum ...

Lösung

zum Suppekochen
zum Kuchenbacken
zum Kuchenbacken
zum Suppekochen
zum Kuchenbacken
zum Suppekochen
zum Suppekochen
zum Kuchenbacken

Auf einen guten Bissen gehört ein guter Trunk!

Übung 10

So viele Geschenke!

Bilden Sie Sätze nach folgendem Muster:

Puppe/Ute
→ Die Puppe ist von Ute.

1 Buch/Kurt
2 Fußball/Uwe
3 Flugzeug/Gunther
4 Luftpumpe/Rudolf
5 Mundharmonika/Gundula
6 Buntstifte, Radiergummi/Gudrun

Lösung

Das Buch ist von Kurt.
Der Fußball ist von Uwe.
Das Flugzeug ist von Gunther.
Die Luftpumpe ist von Rudolf.
Die Mundharmonika ist von Gundula.
Die Buntstifte und der Radiergummi sind von Gudrun.

Was wünschen Sie sich zum Geburtstag?

Übung 11

Sie hören einen kurzen Text über Alexander und Wilhelm von Humboldt.
Ergänzen Sie die fehlenden Wörter!

Lösung

Alexander von Humboldt war ein Naturforscher von

.... Mit seinen .... und Untersuchungen .... er für die gesamte Naturwissenschaft neue .... Er unternahm viele Reisen, ... anderem nach .... und Venezuela. In Venezuela durchforschte er die .... und Urwälder. Sein .... Wilhelm beschäftigte sich mit .... , ... und Sprachwissenschaften. Als preußischer Minister nahm er .... auf das .... , um die .... junger Menschen zu fördern.

Weltruhm, Studien
schuf
Grundlagen
unter, Kuba

Flußgebiete, Bruder
Kunst, Kultur

Einfluß, Schulwesen
berufliche Ausbildung

In der Schule der Geduld lernt man nie aus.

Übung 12

Sie hören zum Schluß einen Kindervers.

In unser'm Dorf, da gibts eine Kuh,
die fährt mit dem Fahrrad und singt noch dazu.
Sie grüßt alle Leute und schwenkt den Hut.
Uns Kindern gefällt sie besonders gut.
Und sind wir zusammen und singen im Chor,
da tanzt die Kuh uns gleich etwas vor.
Dann klatschen wir Beifall und rufen dazu:
Ist das nicht die schönste und lustigste Kuh?

10 Ö-Laute

Übung 1

Sie hören zu Beginn einen Text von Johann Wolfgang von Goethe.
Lesen Sie still mit!

Heidenröslein

Sah ein Knab ein Röslein stehn,
Röslein auf der Heiden,
war so jung und morgenschön,
lief er schnell, es nah zu sehn,
sah's mit vielen Freuden.
Röslein, Röslein, Röslein rot,
Röslein auf der Heiden.

Es gibt zwei Ö-Laute:
langes geschlossenes Ö – [øː]
kurzes offenes Ö – [œ]

[øː] — ö — l**ö**sen
[øː] — öh — fr**öh**lich

[œ] — ö — L**ö**ffel

vorderer Zungenrücken halbhoch, Kieferöffnung wie bei den E-Lauten, Lippen deutlich gerundet, bei [øː] kleinere Kieferöffnung und stärkere Lippenrundung als bei [œ]

Achtung!
Keine Klangveränderung, z. B. in Richtung O- oder E-Laute!

Übung 2

Welches Wort hören Sie, das erste oder das zweite?
Bitte markieren Sie es!

Schlosser	<u>Schlösser</u>
1 losen	lösen
2 schon	schön
3 große	Größe
4 fordern	fördern
5 Boden	Böden
6 Ofen	Öfen
7 hohe	Höhe
8 Vogel	Vögel

Lösung

losen
schön
große
fordern
Böden
Öfen
hohe
Vögel

Übung 3

Welches Wort hören Sie, das erste oder das zweite?
Bitte markieren Sie es!

<u>Zelle</u>	Zölle
1 Sehne	Söhne
2 helle	Hölle
3 er	Öhr
4 kennen	können

Lösung

Söhne
helle
Öhr
können

5 lesen lösen
6 Wärter Wörter
7 Mächte möchte
8 Kellner Kölner

lesen
Wärter
möchte
Kölner

Übung 4

Städte und Dörfer in Deutschland

Sie hören Ortsnamen mit *ö*.
Geben Sie an, ob es lang (l) oder kurz (k) ist!

Görlitz → (k)

1 Höchst ( )
2 Köln ( )
3 Köthen ( )
4 Königsee ( )
5 Löbau ( )
6 Zörbig ( )
7 Mönchsgrün ( )
8 Köpenick ( )

Lösung

l
k
l
l
l
k
k
l

Übung 5

Bekannte Schriftsteller

Ergänzen Sie die Familiennamen!
Hören Sie dazu die Bandaufnahme!

Jakob .... → Böhme

1 Johann Wolfgang ....
2 Justus ....
3 Ludwig ....
4 Friedrich ....
5 Ludwig ....
6 Theodor ....
7 Eduard ....
8 Heinrich ....

Lösung

von Goethe
Möser
Hölty
Hölderlin
Börne
Körner
Mörike
Böll

Übung 6

Hören Sie zu und sprechen Sie nach!

1 Der Kölner Dom.
2 Der Dom zu Köln.
3 Die Größe des Doms.
4 Die Schönheit des Doms.

5
6

7

8

Lesen Sie jetzt den Text!

Seine Größe und Schönheit.
Einer der größten und schönsten deutschen Dome.
Mit dem Bau wurde 1248 begonnen.
Vollendet wurde der Kölner Dom erst im 19. Jahrhundert.

Übung 7

Reimwörter

Hören Sie zu und sprechen Sie nach!

1
2
3
4
5
6

hören und stören
Röcke und Blöcke
Köpfe und Töpfe
Töne und Söhne
nördlich und wörtlich
Klöße und Größe

Ergänzen Sie die Reimwörter aus dem Gedächtnis!
Achten Sie beim Sprechen auf die Länge und Kürze der Ö-Laute!

1 hören und ...
2 Röcke und ...
3 Köpfe und ...
4 Töne und ...
5 nördlich und ...
6 Klöße und ...

Kennen Sie weitere Paare?

Ein Sonntag ohne Klöße
verlöre viel von seiner Größe!

Übung 8

Im Singular *o*, im Plural *ö*.

Bilden Sie zu folgenden Substantiven die Pluralformen!

das Wort → die Wörter

1 das Korn

Lösung

die Körner

2 der Block — die Blöcke
3 der Strom — die Ströme
4 der Ton — die Töne
5 der Sohn — die Söhne
6 die Tochter — die Töchter
7 der Korb — die Körbe
8 der Kopf — die Köpfe

Sprechen Sie die Paare laut.
Suchen Sie weitere Beispiele dieser Art!

Übung 9

Bilden Sie zu folgenden Substantiven die Diminutivform mit *-chen*!

das Brot → das Brötchen

1 das Korn
2 der Korb
3 der Koffer
4 das Schloß
5 die Wolke
6 das Wort
7 die Rose
8 der Kopf

Sprechen Sie die Paare laut.
Suchen Sie weitere Beispiele dieser Art!

Köpfchen, Köpfchen!

Lösung

das Körnchen
das Körbchen
das Köfferchen
das Schlößchen
das Wölkchen
das Wörtchen
das Röschen
das Köpfchen

Übung 10

Bilden Sie zu den folgenden Substantiven Adjektive mit *-lich* und sprechen Sie die Paare laut!

das Wort → wörtlich

1 der Norden
2 der Osten
3 der Ort
4 der Hof
5 der Gott
6 die Person
7 die Woche
8 der Tod

Lösung

nördlich
östlich
örtlich
höflich
göttlich
persönlich
wöchentlich
tödlich

Übung 11

Der berühmte Goethe

Verbinden Sie folgende Substantive mit dem Namen *Goethe*!
Achten Sie darauf, daß der Akzent immer auf *Goethe* liegt!

die Stadt → die Goethestadt

1 das Haus
2 der Preis
3 ein Wort
4 ein Forscher
5 die Gesellschaft
6 ein Denkmal
7 ein Gedicht
8 das Institut

Lösung

das Goethehaus
der Goethepreis
ein Goethewort
ein Goetheforscher
die Goethegesellschaft
ein Goethedenkmal
ein Goethegedicht
das Goethe-Institut

Suchen Sie weiter! Schauen Sie im Lexikon nach und sprechen Sie über Goethe!

Auch Goethe hatte seine Nöte.

Übung 12

Die folgenden Äußerungen sind
😐 sachlich: + – ,
☺ freundlich: +
☹ oder unfreundlich: – .

Hören Sie zu und markieren Sie!

Hör zu! → + –

1 Hört mal zu!
2 Na schön.
3 Das ist ja schön.
4 Das ist ja noch schöner.
5 Von Goethe. Ein Stück von Goethe.
6 Der Götz.
7 Ja, ja, der Götz.
8 Goethe persönlich.

Lösung

–
–
+
–
+
+ –
+ –
+

Hören Sie die Äußerungen noch einmal und imitieren Sie möglichst genau!

Übung 13

Sie hören einen Text über Dornburg.
Ergänzen Sie die fehlenden Wörter!

An der .... Straße, nicht weit von Weimar entfernt, liegt .... Der Ort ist durch seine .... berühmt. Sie liegen auf einer .... am Ufer der Saale. Von dort hat man einen .... Blick ins Tal. Man sieht auf .... , Gärten und .... und den Fluß, der sich sanft durch die Wiesen zieht. .... weilte .... auf den .... Meist wohnte er im ....

Sprechen Sie den Text selbst auf Band und vergleichen Sie Ihre Aufnahme mit dem Muster!

Lösung

Romantischen
Dornburg
Schlösser
Höhe
schönen, Felder
Dörfer
Goethe, öfter
Dornburger Schlössern
Rokokoschlößchen

Übung 14

Hören Sie zum Schluß ein kleines Gedicht von Clemens Brentano!
Lesen Sie erst still, dann halblaut mit!

Stecknadel und Nähnadel

Welch ein Geschöpfchen!
Wie auch geboren,
nie wachsen Ohren
ihm am Köpfchen.
Es klingt wie im Märchen:
Hat es ein Öhrchen,
hat es kein Köpfchen,
hat es kein Öhrchen,
hat es ein Köpfchen,
das arme Tröpfchen.

Kellner Tom vor dem Kölner Dom

11 Ü-Laute

Übung 1

Sie hören zu Beginn einen kurzen Dialog.
Lesen Sie still mit!

Im Blumengeschäft

– Sind diese Blumen künstlich?
– Natürlich.
– Natürlich?
– Natürlich künstlich.

Es gibt zwei Ü-Laute:
langes geschlossenes Ü – [yː]
kurzes offenes Ü – [ʏ]

[yː]
- ü — Sch**ü**ler
- üh — fr**üh**
- y — T**y**p

[ʏ]
- ü — Gl**ü**ck
- y — **Y**psilon

vorderer Zungenrücken hoch, Kieferöffnung wie bei den I-Lauten, Lippen deutlich gerundet, bei [yː] kleinere Kieferöffnung und stärkere Lippenrundung als bei [ʏ]

Achtung!
Keine Klangveränderung, z. B. in Richtung U- oder I-Laute!

Übung 2

Welches Wort hören Sie? Bitte unterstreichen Sie es!

Flüge	flügge
1 Düne	dünne
2 Hüte	Hütte
3 fühlen	füllen
4 Wüste	wüßte
5 führt	Fürth
6 führst	Fürst
7 Fühler	Füller
8 Mühle	Müller

Lösung

Düne
Hütte
füllen
Wüste
Fürth
Fürst
Fühler
Müller

Übung 3

Welches Wort hören Sie? Bitte unterstreichen Sie es!

Flüge	Fliege
1 Dünen	dienen
2 für	vier
3 spülen	spielen
4 Tür	Tier
5 Bühne	Biene
6 Süden	sieden
7 Züge	Ziege
8 kühl	Kiel

Lösung

Dünen
für
spielen
Tier
Bühne
Süden
Züge
Kiel

Übung 4

Welches Wort hören Sie? Bitte unterstreichen Sie es!

Kür	Kur
1 Brüder	Bruder
2 spülen	spulen
3 führen	fuhren
4 drücken	drucken
5 Güte	gute
6 nützen	nutzen
7 schlügen	schlugen
8 wüßten	wußten

Lösung

Bruder
spülen
fuhren
drücken
gute
nützen
schlügen
wußten

Übung 5

Sie hören geographische Namen.

Ist der Akzentvokal lang (l) oder kurz (k)?

Rügen → (l)

1 Thüringen ( )
2 Würzburg ( )
3 Nürnberg ( )
4 Fürth ( )
5 München ( )
6 Lübeck ( )
7 Münster ( )
8 Zürich ( )

Lösung

l
k
k
k
k
l
k
l

Übung 6

Sie hören deutsche Familiennamen.
Ergänzen Sie die fehlenden Buchstaben! (Achtung, manchmal sind es zwei!)

S...bert → Siebert

1 K...hn
2 Br...der
3 Gr...n
4 Gr...ber
5 B...dner
6 B...rger
7 G...nther
8 Br...nner

Lösung

Kühn
Bruder
Grün
Grieber
Büdner
Birger
Günther
Brunner

Übung 7

Sie hören Komposita.
Sprechen Sie nach und achten Sie darauf, daß der Akzent stets auf dem Bestimmungswort liegt!

1 das Frühstück
2 die Hühnerbrühe
3 die Glückwünsche
4 das Glücksgefühl
5 das Blumenstück
6 der Kühlturm
7 der Südwind
8 die Windmühle

Verwenden Sie diese Komposita in Wortgruppen oder Sätzen!

Übung 8

Reimwörter

Hören Sie zu und sprechen Sie nach!

1 Bürste und Würste
2 Brücken und Rücken
3 Bücher und Tücher
4 Flüsse und Küsse
5 fühlen und spülen
6 Füße und Grüße
7 Hüte und Tüte
8 Hülle und Fülle

Ergänzen Sie die Reimwörter jetzt bitte aus dem Gedächtnis und suchen Sie weitere Paare!

1 Bürste und ...
2 Brücken und ...
3 Bücher und ...
4 Flüsse und ...
5 fühlen und ...
6 Füße und ...
7 Hüte und ...
8 Hülle und ...

Je mehr Blüten, desto weniger Früchte.

Übung 9

Im Singular *u*, im Plural *ü*.

Bilden Sie zu folgenden Substantiven die Pluralformen!

der Hut → die Hüte

1 der Fluß
2 der Grund
3 die Mutter
4 die Frucht
5 der Bruder
6 das Buch
7 der Gruß
8 der Zug

Lesen Sie die Paare laut!

Lösung

die Flüsse
die Gründe
die Mutter
die Früchte
die Brüder
die Bücher
die Grüße
die Züge

Übung 10

Bilden Sie zu folgenden Adjektiven die Steigerungsformen!

hübsch → hübscher – am hübschesten

1 günstig
2 typisch
3 kühl
4 kühn
5 süß
6 dünn
7 berühmt
8 glücklich

Verwenden Sie diese Formen in Sätzen, z. B.: *Paula ist hübsch, Diana ist hübscher, Claudia ist am hübschesten.*

Lösung

günstiger – am günstigsten
typischer – am typischsten
kühler – am kühlsten
kühner – am kühnsten
süßer – am süßesten
dünner – am dünnsten
berühmter – am berühmtesten
glücklicher – am glücklichsten

Übung 11

Bilden Sie zu folgenden Substantiven Adjektive mit *-lich!*

der Punkt → pünktlich

1 der Grund
2 der Mund

Lösung

gründlich
mündlich

3 die Stunde — stündlich
4 die Mutter — mütterlich
5 der Bruder — brüderlich
6 der Nutzen — nützlich
7 die Kunst — künstlich
8 die Natur — natürlich

Lesen Sie die Paare laut!

Übung 12

Willkommen in München!

Lesen Sie still mit!

1 Grüß Gott!
2 Willkommen in München!
3 Die Bürger von München.
4 Münchner Künstler.
5 Die Münchner Akademie der Künste.
6 Schloß Nymphenburg bei München.

Sprechen Sie jetzt die Äußerungen betont freundlich!

Übung 13

Sie hören einen Text über einen berühmten deutschen Dichter.
Ergänzen Sie die fehlenden Wörter und Zahlen!

Der ....baron

Karl Friedrich Hieronymus Freiherr von .... lebte von 1720 bis .... Er ist vor allem durch seine ....geschichten bekannt, die er .... auf Englisch schrieb. Gottfried August .... (........ – 1794) .... sie ins Deutsche. Das Buch heißt: Wunderbare Reisen zu Wasser und zu Lande. .... und lustige Abenteuer des Freiherrn von ....

Sprechen Sie den Text auf Band und vergleichen Sie Ihre Aufnahme mit dem Muster!

Lösung

Lügen

Münchhausen
1797
Lügen, übrigens
Bürger
1747, übersetzte

Feldzüge
Münchhausen

Lügen haben kurze Beine.
Wer einmal lügt, dem glaubt man nicht.

Übung 14

Zum Abschluß ein etwas ungewöhnliches Gedicht von Peter Wawerzinek!
Hören Sie einfach zu!

Grußbotschaften
Für Dieter Kerschek

ich grüße euch & euch & euch
ich grüße auch euch
ich grüße alle anderen ebenfalls
ich grüße mich Dieter Kerschek besonders
ich grüße zurück & im voraus
ich grüße den der mich grüßt
ich grüße selbst den der mich nicht grüßt
ich lasse grüßen
ich grüße die toten wie die lebendigen
ich grüße aus dem urlaub
ich grüße die kreisenden kosmonauten
ich grüße die hauskatze schnurr (sie grüß ich)
ich grüße diese grußbotschaften
ich grüße die begrüßen daß
ich grüße

Hören Sie den Text noch einmal und sprechen Sie mit!
Schreiben Sie das Gedicht weiter! Wen grüßen Sie?

12 Murmelvokal

Übung 1

Sie hören zu Beginn ein Kindergedicht.
Lesen Sie still mit! Achten Sie auf die Wortendungen!

Häuser haben Dächer,
Schränke haben Fächer.
Strümpfe haben Maschen,
Hosen haben Taschen.
Bäume haben Äste,
Wirte haben Gäste.
Pflanzen haben Keime,
Kinder suchen Reime.

nach Rösler-Scheibel

Murmelvokal = schwachtoniges E der akzentlosen Vor- und Nachsilben, wird häufig reduziert oder weggelassen.

[ə] —— **e** —— beginn**e**n

Übung 2 (1. Teil)

Hören Sie am Wortende einen Konsonanten (K) oder einen Murmelvokal (M)?
Markieren Sie!

	K	M
Heft	×	
1		
2		
3		
4		
5		
6		
7		
8		

Lösung

	K	M
Fest	×	
Tisch	×	
danke		×
Berge		×
mein	×	
viel	×	
Ringe		×
Treue		×

Übung 2 (2. Teil)

Sprechen Sie jetzt die Wortpaare nach!

1 Fest – Feste
2 Tisch – Tische
3 Dank – danke
4 Berg – Berge
5 mein – meine

6 viel – viele
7 Ring – Ringe
8 treu – Treue

Übung 3

Sie hören Wortpaare.
Sprechen Sie bitte nur das Beispiel mit dem Murmelvokal nach!

Kaffee – Affe → Affe

1 alle – Allee
2 schade – ade
3 Tanztee – (sie) tanzte
4 Walze – Waldsee
5 Problem – Atem
6 Geh heim! – geheim

Lösung

alle
schade
tanzte
Walze
Atem
geheim

Übung 4

Wir üben den Murmelvokal in den Endungen *-e* und *-en*.
Sprechen Sie bitte nach!

1 ich komme – wir kommen
2 ich lerne – wir lernen
3 ich male – wir malen
4 ich singe – wir singen
5 ich höre – wir hören
6 ich baue – wir bauen

Üben Sie nach folgendem Muster weiter: *Bitte kommen Sie! Bitte malen Sie!*

Es kann vorkommen, daß die Nachkommen zu früh kommen und mit dem Einkommen nicht auskommen und dabei jämmerlich umkommen.

Übung 5

Ihr Name wurde falsch verstanden. Berichtigen Sie bitte!

Heißen Sie Schulz? → Nein, Schulze.
Heißen Sie Schulze? → Nein, Schulz.

1
2
3
4
5
6

Lösung

Heißen Sie Weiß? Nein, Weiße.
Heißen Sie Harth? Nein, Harthe.
Heißen Sie Scholz? Nein, Scholze.
Heißen Sie Reiche? Nein, Reich.
Heißen Sie Lange? Nein, Lang.
Heißen Sie Rausch? Nein, Rausche.

Rätsel
Was gehört zu dir, wird aber am meisten von anderen gebraucht?

Dein Name.

Übung 6

Bilden Sie mit den folgenden Verben Fragen!

rechnen → Rechnest du?

1 zeichnen
2 arbeiten
3 warten
4 berichten
5 antworten
6 sich vorbereiten

Lösung

Zeichnest du?
Arbeitest du?
Wartest du?
Berichtest du?
Antwortest du?
Bereitest du dich vor?

Übung 7

Bilden Sie zu den vorgegebenen Verben Substantive mit *Ge-*!

brauchen → der Gebrauch

1 fühlen
2 denken
3 dichten
4 reden
5 sprechen
6 singen

Lösung

das Gefühl
der Gedanke
das Gedicht
das Gerede
das Gespräch
der Gesang

Singe, wem Gesang gegeben!

Übung 8

Dialog

Was A tun will, hat B schon erledigt.
Üben Sie zu zweit!

(Vokabeln lernen)
→ A: Ich werde jetzt Vokabeln lernen.
→ B: Ich habe sie bereits gelernt.

1 (das Gedicht lernen)

2 (den Brief beantworten)

3 (die Konzertkarten bestellen)

4 (den Koffer packen)

5 (die Fahrkarten kaufen)

6 (die Rechnung bezahlen)

Was du heute kannst besorgen,
das verschiebe nicht auf morgen.

Lösung

A: Ich werde jetzt das Gedicht lernen.
B: Ich habe es bereits gelernt.
A: Ich werde jetzt den Brief beantworten.
B: Ich habe ihn bereits beantwortet.
A: Ich werde jetzt die Konzertkarten bestellen.
B: Ich habe sie bereits bestellt.
A: Ich werde jetzt den Koffer packen.
B: Ich habe ihn bereits gepackt.
A: Ich werde jetzt die Fahrkarten kaufen.
B: Ich habe sie bereits gekauft.
A: Ich werde jetzt die Rechnung bezahlen.
B: Ich habe sie bereits bezahlt.

Übung 9

Wir üben den Ausfall des Murmelvokals.
Bilden Sie zu folgenden Verben Aufforderungen mit *müssen*!
Sprechen Sie sehr nachdrücklich!

lauf(e)n → Sie müss(e)n lauf(e)n!

1 helfen
2 lesen
3 sprechen
4 übersetzen
5 aufpassen
6 mitmachen

Nach Frikativen fällt der Murmelvokal in der Endung *-en* meist aus.

Lösung

Sie müssen helfen!
Sie müssen lesen!
Sie müssen sprechen!
Sie müssen übersetzen!
Sie müssen aufpassen!
Sie müssen mitmachen!

Übung 10

Wir üben den Ausfall des Murmelvokals in der Endung *-en* nach [b], [g] und [k].
Sie hören Verben in der 1. Person Singular. Bilden Sie dazu die 1. Person Plural!

Ich schreibe. → Wir schreiben auch.

1 Ich übe.
2 Ich frühstücke.
3 Ich steige aus.
4 Ich bleibe hier.
5 Ich entschuldige mich.
6 Ich bedanke mich.

nach Explosiven fällt der Murmelvokal in der Endung *-en* meist aus, [n] wird nach [p, b] zu [m̩] angeglichen, nach [k, g] zu [ŋ̩]

Lösung

Wir üben auch.
Wir frühstücken auch.
Wir steigen auch aus.
Wir bleiben auch hier.
Wir entschuldigen uns auch.
Wir bedanken uns auch.

Übung 11

Auskunft geben
Wir üben den Ausfall des Murmelvokals in der Endung *-en* nach [t].
Antworten Sie!

Wann findet der Kursus statt? /6. – 20.3./
→ Vom sechsten bis zwanzigsten Dritten.

1 Wie lange dauert die Tagung? /11. – 13.5./
2 Wie lange brauchen Sie das Zimmer? /3. – 5.10./
3 Wie lange war der Gast bei euch? /9. – 14.4./

Achtung, nach [t] fällt der Murmelvokal in der Endung *-en* aus!

Lösung

Vom elften bis dreizehnten Fünften.
Vom dritten bis fünften Zehnten.
Vom neunten bis vierzehnten Vierten.

4 Wann wollen Sie Urlaub machen? /1. – 20.6./

Vom ersten bis zwanzigsten Sechsten.

5 Wie lange waren Sie krank? /8. – 15.11./

Vom achten bis fünfzehnten Elften.

6 Wann haben die Kinder Ferien? /5. – 12.2./

Vom fünften bis zwölften Zweiten.

Üben Sie zu zweit!

Übung 12

Sie hören energische Aufforderungen und Anordnungen. Sprechen Sie bitte ebenso!

1 Einen Augenblick bitte!
2 Bleiben Sie stehen!
3 Sie müssen warten!
4 Hier dürfen Sie nicht rauchen!
5 Sprechen Sie leise!
6 Berichten Sie bitte genau!
7 Beantworten Sie meine Fragen!
8 Bitte einsteigen und die Türen schließen!

Übung 13

Sie hören einen Text über den Dichter Joseph von Eichendorff.
Schreiben Sie bitte mit!

Lösung

Zu den schönsten deutschen romantischen Gedichten gehören die Naturgedichte von Joseph von Eichendorff. Sie entstanden in der ersten Hälfte des 19. Jahrhunderts. Viele von ihnen sind vertont worden. Sie wurden wie echte Volkslieder bekannt und werden von vielen Menschen gern gesungen. Zu den beliebtesten Liedern zählen „In einem kühlen Grunde“ und „O Täler weit, o Höhen“.

Übung 14

Was fehlt hier?
Suchen Sie passende Reime und ergänzen Sie die Verse!

Kein ... ohne ..., kein ... ohne ... .

Kein Mund ohne Zähne, kein Pferd ohne ...
Kein Hund ohne Bellen, kein Fluß ohne ...

Lösung

Mähne
Quellen

Keine Stute ohne Füllen, kein Löwe ohne ...
Kein Koch ohne Schürze, keine Speise ohne ...
Kein Himmel ohne Sterne, kein Apfel ohne ...
Kein Garten ohne Beete, kein Hans ohne ...

Brüllen
Würze
Kerne
Grete

Hören Sie nun das vollständige Gedicht und sprechen Sie es selbst!

Übung 15

Sie hören zum Abschluß ein kleines Gedicht von Wilhelm Busch.
Lesen Sie es erst still mit und sprechen Sie es dann selbst!

Zu Neujahr

Will das Glück nach seinem Sinn
dir was Gutes schenken,
sage Dank und nimm es hin
ohne viel Bedenken!

Jede Gabe sei begrüßt!
Doch vor allen Dingen:
Das, worum du dich bemühst,
möge dir gelingen!

Häuser haben Dächer ...

13 Diphthonge

Übung 1

Sie hören zu Beginn ein Gedicht von Rainer Kirsch.
Lesen Sie bitte still mit!

Trinkspruch

Wenn Mai ist, soll Mai sein.
Wer nicht frei ist, soll frei sein.
Abends soll Wein sein.
Wer liebt, soll nicht allein sein –
Im Oktober sind die Äpfel reif
Und die Trauben.
Wer zwei Hände hat, greif
Und brate sich zwei Tauben.

Es gibt drei Diphthonge [ae̯, ao̯, ɔø̯]; zwei kurze Vokale werden innerhalb einer Silbe gleitend miteinander verbunden: [a] + [e] wird zu [ae̯]; [a] + [o] wird zu [ao̯]; [ɔ] + [ø] wird zu [ɔø̯]:

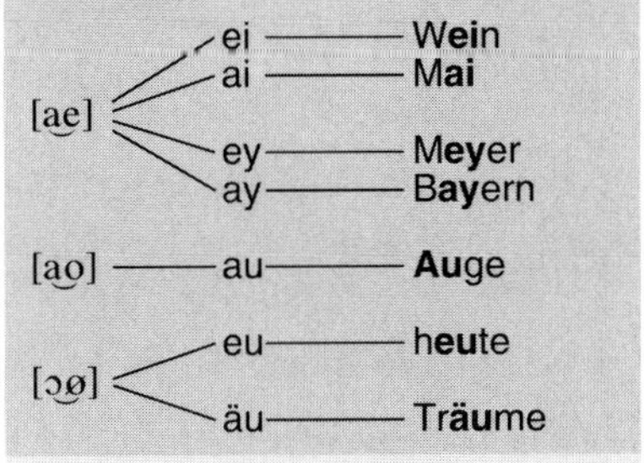

Übung 2

Familiennamen

Welchen Namen hören Sie?
Markieren Sie ihn!

Rahmer	<u>Reimer</u>	Rehmer
1 Käufer	Kofer	Köfer
2 Haufer	Hafer	Hofer
3 Kramer	Kremer	Kreimer
4 Dreiser	Draser	Dreser
5 Kreuger	Kroger	Kröger
6 Brauner	Brahner	Brohner
7 Haubener	Habener	Hobener
8 Keitner	Katner	Ketner

Lösung

Käufer
Haufer
Kreimer
Draser
Kreuger
Brauner
Hobener
Ketner

Übung 3 (1. Teil)

Sie hören Wörter und Wortgruppen.
Sprechen Sie bitte nach!

1 die Maifeier
2 die Arbeitszeit
3 eine leichte Arbeit
4 seit Freitag

5 kein einziges Beispiel
6 in seiner Freizeit

Übung 3 (2. Teil)

7 die neuen Häuser
8 neun Gebäude
9 feuchte Räume
10 freundliche Leute
11 häufig träumen
12 neunundneunzig Bäume

Übung 3 (3. Teil)

13 die Hausfrau
14 das Bauernhaus
15 ein Ausflug ins Blaue
16 ein Auto kaufen
17 nach Hause laufen
18 auf Frau Krause warten

Einmal ist keinmal.

Übung 4

Auf Reisen

Sie hören Wörter und Wortgruppen mit unterschiedlichen Diphthongen.
Sprechen Sie bitte nach!

1 eine weite Reise
2 aus dem Auto aussteigen
3 eine Rauchpause einlegen
4 über die neuen Gebäude staunen
5 am Teich stehenbleiben
6 den steilen Aufstieg nicht scheuen
7 über eine Mauer steigen
8 sich über die Aussicht freuen

Ohne Fleiß kein Preis.

Übung 5

Bilden Sie zu folgenden Substantiven Verb und Partizip wie im Muster!

der Kauf → kaufen, gekauft

1 der Bau
2 der Rauch
3 der Traum
4 der Läufer
5 der Betreuer
6 die Reise
7 die Feier
8 das Teilen

Lösung

bauen, gebaut
rauchen, geraucht
träumen, geträumt
laufen, gelaufen
betreuen, betreut
reisen, gereist
feiern, gefeiert
teilen, geteilt

Übung 6

Wie heißen die Steigerungsformen?

klein → kleiner – am kleinsten

1 breit
2 frei
3 neu
4 teuer
5 deutlich
6 freundlich
7 genau
8 schlau

Lösung

breiter – am breitesten
freier – am frei(e)sten
neuer – am neu(e)sten
teurer – am teuersten
deutlicher – am deutlichsten
freundlicher – am freundlichsten
genauer – am genau(e)sten
schlauer – am schlau(e)sten

Übung 7

Namen kann man leicht verwechseln!

Lesen Sie die Fragen und reagieren Sie wie im Beispiel!

Heißen Sie Reiter? /Reuter/
→ Nein, nicht Reiter, sondern Reuter.

1 Heißen Sie Raumer? /Reimer/
2 Heißen Sie Kreis? /Kraus/
3 Heißen Sie Rausch? /Reusch/
4 Heißen Sie Braun? /Breun/
5 Heißen Sie Teucher? /Teicher/

Vergleichen Sie nun mit dem Band und sprechen Sie nach!

Nein, nicht

Raumer, sondern Reimer.
Kreis, sondern Kraus.
Rausch, sondern Reusch.
Braun, sondern Breun.
Teucher, sondern Teicher.

Übung 8

Heike und Klaus

Bilden Sie mit Hilfe der vorgegebenen Wörter Aussagen!

	Heike	Klaus
schreiben	deutlich	

→ Heike schreibt deutlich.

	Heike	Klaus
1 vertrauen	ihre Freundin	
2 freundlich sein zu		alle Leute
3 ausgehen mit	Freunde	
4 zu Hause bleiben		heute
5 Auto fahren	häufig	
6 träumen von		neues Auto

Lösung

Heike vertraut ihrer Freundin.
Klaus ist zu allen Leuten freundlich.
Heike geht mit Freunden aus.
Klaus bleibt heute zu Hause.
Heike fährt häufig Auto.
Klaus träumt von einem neuen Auto.

Übung 9

Lesen Sie die Fragen. Reagieren Sie bitte mit Angabe des folgenden Tages, Monats oder der folgenden Stunde!

Sind Sie seit Donnerstag hier? → Nein, erst seit Freitag.

1 Sind Sie seit April hier?
2 Sind Sie seit gestern hier?
3 Sind Sie seit zwölf hier?
4 Sind Sie seit zwei hier?
5 Sind Sie seit acht hier?
6 Sind Sie seit Juli hier?

Lösung

Nein, erst seit Mai.
Nein, erst seit heute.
Nein, erst seit eins.
Nein, erst seit drei.
Nein, erst seit neun.
Nein, erst seit August.

Übung 10

Sie hören einen Text über das Bauhaus in Dessau. Ergänzen Sie bitte die fehlenden Wörter!

In Dessau befindet sich .... Es wurde 1926 von Gropius .... Das Bauhaus gilt als .... der neuen .... Architektur. In dem .... befand sich bis 1932 eine deutsche Kunstschule, die den Namen „Staatliches ....“ trug. Gropius hatte sie

Lösung

das berühmte Bauhaus
erbaut
Meisterwerk, europäischen, Gebäude

Bauhaus

1919 in .... gegründet. .... Vertreter des „Bauhauses“ waren neben Gropius auch ...., Klee, Kandinsky und ....

Weimar, Bedeutende

Feininger, Meyer

Übung 11

Sie haben Ihren Ausweis verloren.
Geben Sie der Polizei einen Bericht zu Ihrer Person und zum Tatbestand! Formulieren Sie bitte vollständige Sätze!

1 Name: Waltraud Täuscher

2 Wohnort: Reuth
3 Beruf: Arbeit in Fleischerei

4 geboren: 19.09.1943

5 Familienstand: verheiratet
6 Kinder: zwei
7 Tatbestand: Freitag, Ausweis verloren, Kaufhaus am Reuterplatz

Lösungsvorschlag

Mein Name ist Waltraud Täuscher.
Ich wohne in Reuth.
Ich arbeite in einer Fleischerei.
Ich wurde am 19.09.1943 geboren.
Ich bin verheiratet. (und) (Ich) habe zwei Kinder.
Am Freitag habe ich meinen Ausweis im (vor dem, am) Kaufhaus am Reuterplatz verloren.

Übung 12

Sie hören abschließend einen Abzählreim und ein Gedicht von Joachim Ringelnatz.
Lesen Sie still mit, sprechen Sie dann selbst!

Ich heiße Peter, du heißt Paul.
Ich bin fleißig, du bist faul.
Eins, zwei, drei
und du bist frei.

Im Park

Ein ganz kleines Reh stand am ganz kleinen Baum,
still und verklärt wie im Traum.
Das war des Nachts elf Uhr zwei.
Und dann kam ich um vier
morgens wieder vorbei
und da träumte noch immer das Tier.
Nun schlich ich mich leise – ich atmete kaum –
gegen den Wind an den Baum,
und gab dem Reh einen ganz kleinen Stips.
Und da war es aus Gips.

14 Explosive [p] und [b]

Übung 1

Sie hören zu Beginn Verse von Kurt Schwitters.
Lesen Sie bitte still mit!

Der Herr von Doppelmoppel
Hat alle Dinge doppel.
Er hat ein Doppelkinn
Mit Doppelgrübchen drin.
Er führt ein Doppelleben,
Das zweite stets daneben.
Er hat ein Doppelweib
Zum Doppelzeitvertreib.
Der Herr von Doppelmoppel
Hat eben alles doppel.

Bei [p] und [b] liegen die Lippen aufeinander, bei [p] ist der Verschluß fest, das Explosionsgeräusch ist deutlich (fortis), bei [b] sind Verschluß und Geräusch schwächer (lenis):

[p]	p	O**p**er
	pp	do**pp**elt
	-b	gel**b**
[b]	b	O**b**er

Übung 2

Welches Wort hören Sie?
Unterstreichen Sie es bitte!

	platt	<u>Blatt</u>
1	Paar	Bar
2	Paß	Baß
3	packen	backen
4	Prise	Brise
5	Oper	Ober
6	Gepäck	Gebäck
7	Raupen	rauben
8	Alpen	Alben

Lösung

Bar
Paß
backen
Brise
Oper
Gebäck
Raupen
Alben

Übung 3

Papier, Papier, Papier ...

Wir üben das [p].
Bitte sprechen Sie nach!

1
2
3
4
5
6

Papier, Papier, Papier!
Probleme mit Papier.
Kein Platz ohne Papier:
Papier auf dem Parkplatz.
Papier im Park.
Papier in den Papierkorb!

Übung 4

Beim Bier

Wir üben das [b].
Bitte sprechen Sie nach!

1
2
3
4
5
6

Bayrische Bierbrauer brauen bayrisches Braunbier.

Herr Ober, ein Bier!
Wo bleiben Sie denn bloß?
Bitte ein Bier!
Nein, kein Büchsenbier.
Hm, ich liebe Bier über alles.
Bringen Sie mir bitte noch ein Bier!

Übung 5 (1. Teil)

Wir üben den Unterschied zwischen [v] und [b].
Sie hören Reimwörter. Bitte lesen Sie still mit!

1 Wand – Band
2 wir – Bier
3 wetten – Betten
4 Werk – Berg
5 Wald – bald
6 wirken – Birken

Übung 5 (2. Teil)

Sie hören jetzt Fragen vom Tonband.
Antworten Sie mit dem Reimwort!

Sagten Sie Wand? → Nein, Band.

1
2
3
4
5
6

Üben Sie nun zu zweit.
Wählen Sie selbst Beispiele für die Fragen!

Lösung

Sagten Sie Bier? Nein, wir.
Sagten Sie wetten? Nein, Betten.
Sagten Sie wirken? Nein, Birken.
Sagten Sie Werk? Nein, Berg.
Sagten Sie Wand? Nein, Band.
Sagten Sie bald? Nein, Wald.

Übung 6

Wir üben die Auslautverhärtung.
Sie hören Verben vom Tonband. Wiederholen Sie sie und ergänzen Sie die Stammformen!

[b] wird im Silbenauslaut zu [p], z. B. ['le:bm̩] → ['le:ptə], [gə'le:pt].

leben → leben – lebte, gelebt

1 loben
2 lieben
3 glauben
4 geben
5 schreiben
6 bleiben

Verwenden Sie die Verben in kurzen Sätzen!

Lösung

loben – lobte, gelobt
lieben – liebte, geliebt
glauben – glaubte, geglaubt
geben – gab, gegeben
schreiben – schrieb, geschrieben
bleiben – blieb, geblieben

Ich lauf jetzt in den Birkenwald,
denn meine Pillen wirken bald.

Übung 7

Bilden Sie zu den folgenden Substantiven im Plural den Singular!

die Typen → der Typ

1 die Prinzipien
2 die Tips
3 die Verben
4 die Betriebe
5 die Clubs
6 die Maßstäbe

Lösung

das Prinzip
der Tip
das Verb
der Betrieb
der Club
der Maßstab

Übung 8

Wer liebt wen oder was? Stimmt das wirklich?

Sprechen Sie bitte nach folgendem Muster verwunderte Fragen!
Vergleichen Sie mit der Lösung vom Band!

Peter/Blumen → Peter liebt Blumen?

1 Paul/Opern
2 Norbert/Bücher

Lösung

Paul liebt Opern?
Norbert liebt Bücher?

3 Jupp/Abenteuer
4 Berta/Bert
5 Pia/Bier
6 Boris/Barbara

Wen lieben Sie? Was lieben Sie?

Jupp liebt Abenteuer?
Berta liebt Bert?
Pia liebt Bier?
Boris liebt Barbara?

Sein Prinzip ist überhaupt:
Was beliebt ist auch erlaubt.

Wilhelm Busch

Übung 9

Im Buchladen

Sie hören Namen deutscher Autoren und Buchtitel. Schreiben Sie die Titel bitte auf!

Bertolt Brecht: → Buckower Elegien

1 Heinrich Böll:
2 Christa Wolf:
3 Jurek Becker:
4 Ulrich Plenzdorf:
5 Thomas Bernhard:
6 Wilhelm Busch:

Lesen Sie jetzt Autor und Titel laut!

Lösung

Gruppenbild mit Dame
Was bleibt
Der Boxer
Paul und Paula
Der Präsident
Bildergeschichten

Ein gutes Buch lobt sich selbst.

Übung 10

Sie hören einen Text über Wilhelm Busch. Ergänzen Sie die fehlenden Wörter!

Der deutsche Zeichner und Dichter Wilhelm Busch .... von 1832 bis 1900. Bilder, Gedichte und .... machten ihn bereits zu .... weltbekannt. Besonders .... sind zum .... die .... „Max und Moritz“ oder „............................“. Überall sah Busch Dummheit, ... und Betrügereien. Seine ....

Lösung

lebte
Prosa, Lebzeiten
beliebt, Beispiel
Bildergeschichten
Fipps der Affe
Selbstliebe, Beobachtungen

.... setzte er in originelle ....
um, die noch heute ungewöhnlich .... sind.

Verse und Bilder
populär

Übung 11

Am Abend

Machen Sie einem Freund Vorschläge für den Abend!
Verwenden Sie die folgenden Angaben!

- heute Abend nicht zu Hause bleiben
- wohin wollen wir
- vielleicht in die Oper
- heute Opernball
- lieber nicht, zu vornehm
- aber Kabarett
- neues Programm
- oder einfach spazierengehen
- zum Beispiel im Park
- wie bitte? zu müde?
- bleib hier, Opa (Oma)!

Übung 12

Sie hören zum Abschluß den Text eines Volksliedes.
Hören Sie erst nur zu, lesen Sie dann mit und sprechen Sie den Text anschließend selbst!

Bunt sind schon die Wälder,
gelb die Stoppelfelder,
und der Herbst beginnt.
Rote Blätter fallen,
graue Nebel wallen,
kühler weht der Wind.

Gebäck und Gepäck

15 Explosive [t] und [d]

Bei [t] und [d] liegt die Zunge an den oberen Schneidezähnen, bei [t] ist der Verschluß fest, das Explosionsgeräusch ist deutlich (fortis), bei [d] sind Verschluß und Geräusch schwächer (lenis).

[t]	t	**T**ür
	tt	bi**tt**e
	-d	Hun**d**
	th	**Th**eorie
	dt	Sta**dt**
[d]	d	re**d**en

Übung 1

Sie hören zu Beginn Verse von Gottfried Herold. Lesen Sie bitte still mit!

Federleicht

Das Ende der Ente
ist hinten zu finden.
Das Ende der Straßenbahn
auch.

Die Ente hat Federn,
die sind ihr sehr nützlich.
Sind sie es der Straßenbahn
auch?

Übung 2

Welches Wort hören Sie? Unterstreichen Sie es bitte!

	Ente	<u>Ende</u>
1	Teer	der
2	Tier	dir
3	Tick	dick
4	tanken	danken
5	Leiter	leider
6	Seite	Seide
7	Mantel	Mandel
8	werten	werden

Lösung

der
Tier
Tick
tanken
leider
Seide
Mantel
werten

Übung 3

Tierwelt

Wir üben das [t].
Bitte sprechen Sie nach!

1 eine bunte Ente
2 ein mutiger Tiger
3 eine Ratte im Garten
4 eine Kröte im Teich
5 eine Nachtigall singt
6 ein Schmetterling flattert

Übung 4

Beim Wandern

Wir üben das [d].
Bitte sprechen Sie nach!

1 in die Wälder
2 sandiger Boden
3 ein Dorf im Norden
4 ein Dorf im Süden
5 drei Linden im Winde
6 Kinder beim Baden

Übung 5

[t] und [d] treten gemischt auf.
Bitte sprechen Sie nach!

1 am Montag nach Baden-Baden
2 am Dienstag nach Düsseldorf
3 am Mittwoch nach Friedrichroda
4 am Donnerstag nach Stuttgart
5 am Freitag nach Dortmund
6 am Sonnabend nach Neustadt

Es ist nicht ein Tag wie der andere.

Übung 6

Wir üben die Auslautverhärtung.
Bilden Sie zu den angegebenen Wörtern den Singular und die Verkleinerungsform mit *-chen*!

die Kinder → das Kind, das Kindchen

1 die Kleider
2 die Wälder
3 die Hände
4 die Hemden
5 die Pferde
6 die Räder

[d] wird im Silbenauslaut zu [t], z. B.: ['kɪndɐ] → ['kɪnt], ['kɪntçən].

Lösung

das Kleid, das Kleidchen
der Wald, das Wäldchen
die Hand, das Händchen
das Hemd, das Hemdchen
das Pferd, das Pferdchen
das Rad, das Rädchen

Vergleichen Sie mit dem Band und sprechen Sie nach!

Guter Rat ist teuer. – Ein gutes Rad auch.

Übung 7

Bilden Sie Wortgruppen nach folgendem Muster!

entscheidend/Schritt → ein entscheidender Schritt

1 fremd/Land
2 blühend/Feld
3 fallend/Blatt
4 lächelnd/Mund
5 anstrengend/Abend
6 wärmend/Bad

Lösung

ein fremdes Land
ein blühendes Feld
ein fallendes Blatt
ein lächelnder Mund
ein anstrengender Abend
ein wärmendes Bad

Übung 8

In der Teestube

Verlangen Sie nachdrücklich die entsprechende Menge Tee!
Vergleichen Sie mit dem Lösungsvorschlag vom Band!

eine Tasse (Tee) → Bitte eine Tasse Tee.

1 eine Packung (Kräutertee)
2 eine Tasse (Fliedertee)
3 ein Glas (Lindenblütentee)
4 eine Kanne (indischen Tee)
5 etwas (Teegebäck)
6 drei (Teelöffel)

Lösungsvorschlag

Bitte eine Packung Kräutertee.
Bitte eine Tasse Fliedertee.
Bitte ein Glas Lindenblütentee.
Bitte eine Kanne indischen Tee.
Bitte etwas Teegebäck.
Bitte drei Teelöffel.

Bestellen Sie nun alles sehr freundlich!

Abwarten und Tee trinken.

Übung 9

Gerede

Ergänzen Sie die folgenden Sätze mit den Wörtern *dazwischenreden, durcheinanderreden, einreden, Gerede, mitreden, reden, zureden*!

Alle ... → Alle reden durcheinander.

1 Der Vater ... mit den Kindern.
2 Die Mutter ... ihnen gut ... .
3 Die Großmutter ... auch ... .
4 Die Tochter ... immer ... .
5 Die Tante meint: „Laßt euch nichts ... ."
6 Der Großvater sagt: „Jetzt ist endlich Schluß mit dem vielen ... ."

Lösungsvorschlag

redet
redet zu
redet mit
redet dazwischen
einreden
Gerede

Zungenbrecher:
Der dicke dumme Töffel trug den dünnen dummen Toffel durch den dicken tiefen Torfdreck. Da dankte der dünne dumme Toffel dem dicken dummen Töffel, daß der dicke dumme Töffel den dünnen dummen Toffel durch den dicken tiefen Torfdreck trug.

Übung 10

Sie hören einen Text über Konrad Duden.
Ergänzen Sie die fehlenden Wörter!

Konrad Duden war .... eines Gymnasiums im .... Schleiz. Er setzte sich für eine .... deutsche .... und für eine phonetisch .... Schreibweise ein. 1880 erschien sein „Vollständiges .... der deutschen Sprache" zum ersten Mal. .... ist der Duden in 20 Auflagen .... 1991 wurde wieder eine .... Auflage herausgegeben. Sie .... 115 000 ...., 500 000 Bedeutungserklärungen und Angaben zu Grammatik, Phonetik und ....

Lösung

Direktor
thüringischen Städtchen
einheitliche, Recht-
schreibung, bestimmte

orthographisches Wörterbuch
Seitdem
gedruckt worden
gesamtdeutsche
enthält, Stichwörter

Ethymologie

Übung 11

Reisevorbereitung

Sprechen Sie über die Stadt Düsseldorf!
Verwenden Sie die folgenden Angaben:

- Hauptstadt von Nordrhein-Westfalen
- etwa 570 000 Einwohner
- viele Parks: Hofgarten, Rheinpark, Nordpark
- gut erhaltene alte Gebäude
- das Alte Rathaus am Marktplatz
- Kunstakademie
- Heinrich-Heine-Universität
- Theater, Kunstsammlungen, Museen
- traditioneller Messeplatz
- Geburtsstadt von Heinrich Heine

Im Schlosse zu Düsseldorf am Rhein
Wird Mummenschanz gehalten;
Da flimmern die Kerzen, da rauscht die Musik,
Da tanzen die bunten Gestalten.

Heinrich Heine

Übung 12

Sie hören zum Abschluß ein Volkslied.
Hören Sie erst nur zu, lesen Sie dann mit und sprechen Sie den Text anschließend selbst!

Der Lindenbaum

Am Brunnen vor dem Tore,
da steht ein Lindenbaum:
Ich träumt in seinem Schatten
so manchen süßen Traum.
Ich schnitt in seine Rinde
so manches süße Wort;
es zog in Freud und Leide
zu ihm mich immerfort.

16 Explosive [k] und [g]

Übung 1

Sie hören zu Beginn zwei Zitate von Georg Christoph Lichtenberg.
Lesen Sie bitte still mit!

Die Neigung der Menschen, kleine Dinge für wichtig zu halten, hat sehr viel Großes hervorgebracht.

Es ist ein Glück, daß die Gedankenleerheit keine solche Folge hat wie die Luftleerheit, sonst würden manche Köpfe, die sich an die Lesung von Werken wagen, die sie nicht verstehen, zusammengedrückt werden.

Bei [k] und [g] bildet die Hinterzunge einen Verschluß mit dem hinteren Gaumen, bei [k] ist der Verschluß fest, das Explosionsgeräusch ist deutlich (fortis), bei [g] sind Verschluß und Geräusch schwächer (lenis):

[k]	k	**k**önnen
	ck	Zu**ck**er
	-g	We**g**
[g]	g	lie**g**en

Übung 2

Welches Wort hören Sie?
Unterstreichen Sie es bitte!

	können	gönnen
1	Karten	Garten
2	Küsse	Güsse
3	Kunst	Gunst
4	Kreis	Greis
5	Kränze	Grenze
6	Orkan	Organ
7	Erker	Ärger
8	bekehren	begehren

Lösung

Karten
Güsse
Kunst
Kreis
Grenze
Organ
Ärger
bekehren

Wir mögens keinem gerne gönnen,
daß er was kann, was wir nicht können.

Wilhelm Busch

Übung 3

Wir üben das [k].
Bitte sprechen Sie nach!

1 kurz und klein
2 klipp und klar

3 kreuz und quer
4 Stück für Stück
5 Glück im Unglück
6 Kultur und Kunst

Kunst kommt von Können.

Übung 4

Im Garten

Wir üben das [g].
Bitte sprechen Sie nach!

1 ein großer Garten
2 gerade Wege
3 große Gemüsebeete
4 gegenüber Gartengeräte
5 Vogelgesang
6 Geduld und Vergnügen

Übung 5

Geburtstag

[k] und [g] treten gemischt auf.
Bitte sprechen Sie nach!

1 Kuchen backen
2 Kaffee und Kakao kochen
3 den Kaffeetisch decken
4 die Gäste begrüßen
5 ein Glas Sekt trinken
6 Gesundheit und Glück dem Geburtstagskind!

Übung 6

Wir üben die Auslautverhärtung.
Bilden Sie den Singular!
Sprechen Sie beide Wörter und hören Sie zum Vergleich das Band!

[g] wird im Silbenauslaut zu [k], z. B.: [ˈtaːgə] → [taːk].

die Tage → der Tag

	Lösung
1 die Verlage	der Verlag
2 die Wege	der Weg

3 die Beiträge	der Beitrag
4 die Züge	der Zug
5 die Berge	der Berg
6 die Flugzeuge	das Flugzeug

Übung 7

Es ist genug!

Verbinden Sie folgende Partizipien mit *genug*!
Sprechen Sie sehr energisch!

gesagt → Genug gesagt!

1 geredet
2 gehört
3 gefragt
4 geschrieben
5 gelesen
6 geübt und gelernt

Lösung

Genug geredet!
Genug gehört!
Genug gefragt!
Genug geschrieben!
Genug gelesen!
Genug geübt und gelernt!

Genug ist genug, zuviel ist böses Spiel.

Übung 8

Einkauf

Bilden Sie Kettensätze!

Konzertkarten → Wir kaufen Konzertkarten.
→ Wir kaufen Konzertkarten und ... .
→ Wir kaufen Konzertkarten, ... und ... .

1 Konfekt

2 ein Päckchen Kaffee

3 ein Stück Käse

4 einen Globus

Lösung

Wir kaufen Konzertkarten und Konfekt.
Wir kaufen Konzertkarten, Konfekt und ein Päckchen Kaffee.
Wir kaufen Konzertkarten, Konfekt, ein Päckchen Kaffee und ein Stück Käse.
Wir kaufen Konzertkarten, Konfekt, ein Päckchen Kaf-

5 ein Kilo Gurken
6 eine Jacke, ... (einen Rock, ...)

Kaufen Sie noch mehr Sachen mit K... und G... !

fee, ein Stück Käse und einen Globus. ...

Übung 9

Groß oder klein?

Bilden Sie aus den Wortpaaren Sätze!
Hören Sie zum Vergleich die Beispiele vom Band!

Vater/Kind → Der Vater ist groß, das Kind ist klein.

1 Kurt/Kurtchen

2 Gans/Gänschen

3 Park/Garten

4 Berg/Hügel

5 Klavier/Geige

6 Kassel/Kleinkleckersdorf

Wer das Kleine nicht ehrt,
ist des Großen nicht wert.

Lösung

Kurt ist groß, Kurtchen ist klein.
Die Gans ist groß, das Gänschen ist klein.
Der Park ist groß, der Garten ist klein.
Der Berg ist groß, der Hügel ist klein.
Das Klavier ist groß, die Geige ist klein.
Kassel ist groß, Kleinkleckersdorf ist klein.

Übung 10

Sie hören einen Text über Lichtenberg.
Ergänzen Sie bitte die fehlenden Wörter!

.... Lichtenberg war ein vielseitiger .... des 18. Jahrhunderts, ein .... von .... Er war Mathematiker und .... in .... Bekannter wurde er jedoch als .... und .... Lichtenbergs ironische Gedanken über .... und Kunst sind kleine Meisterwerke, die noch in der .... gern .... werden. Er schrieb zum Beispiel: „Um eine fremde Sprache recht gut sprechen zu lernen und .... in Ge-

Lösung

Georg Christoph
Gelehrter, Zeitgenosse
Goethe
Physiker, Göttingen
Satiriker, Kunstkritiker
Zeitgeschichte

Gegenwart, gelesen

wirklich

sellschaft zu sprechen mit dem .... des Volkes, muß man nicht nur .... und Ohr haben, sondern in gewissem .... ein .... sein.“

eigentlichen
Akzent
Gedächtnis
Grad, kleiner Geck

Schimpfwörter und dergleichen

Betrügerin, Flegel, Affengesicht, alter Krachwedel, Drecksau, Schurke, Dummkopf, Knasterbart

Georg Christoph Lichtenberg

Übung 11

Erklären Sie die Redewendung *Die Katze im Sack kaufen*! Verwenden Sie folgendes Wortgeländer:

- Christian Kunze
- großes Vergnügen am Autofahren
- Geld gespart, Gehalt bekommen
- gebrauchtes Auto gekauft
- schöner grüner Lack
- keine Garantieurkunde
- unbekümmert, wird schon gutgehen
- 66 Kilometer gefahren
- Auto kaputt
- Christian Kunze sehr unglücklich
- Katze im Sack gekauft

Übung 12

Sie hören zum Abschluß die erste Strophe des Volksliedes *Die Gedanken sind frei*! Lesen Sie still mit!

Die Gedanken sind frei!
Wer kann sie erraten?
Sie fliegen vorbei
wie nächtliche Schatten
Kein Mensch kann sie wissen,
kein Jäger erschießen
mit Pulver und Blei:
Die Gedanken sind frei!

Sprechen Sie nun den Text selbst!

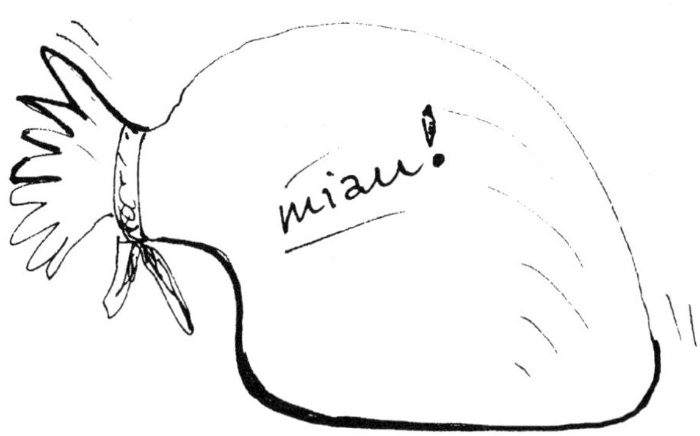

Die Katze im Sack kaufen ...

17 Frikative [f] und [v]

Übung 1

Sie hören zu Beginn eine Strophe aus einem Gedicht von Erich Fried.
Lesen Sie bitte still mit!

Fall ins Wort

Wo das Wort
dir gefällt
wo das Wort
fehlt
wo das Wort
einen Fehler hat
wo es verdorrt
dort
fall ins Wort

Bei [f] und [v] bildet die Unterlippe eine Enge mit den oberen Schneidezähnen, bei [f] ist die Spannung höher und das Reibegeräusch deutlicher (fortis) als bei [v] (lenis):

[f]	f	**F**eld
	ff	ho**ff**en
	v	**V**ater
[v]	w	**W**elt
	v	**V**isum
	(q)u	beq**u**em

Übung 2

Welches Wort hören Sie?
Unterstreichen Sie es bitte!

vier	wir	
1	fort	Wort
2	Feld	Welt
3	fühlen	wühlen
4	Fink	Wink
5	finden	winden
6	Phase	Vase
7	Feder	weder
8	gefischt	gewischt

Lösung

fort
Feld
wühlen
Fink
winden
Vase
weder
gefischt

Wir Wiener Waschweiber würden schöne weiße Wäsche waschen, wenn wir wüßten, wo schönes weiches Waschwasser wäre.

Übung 3

Die Welt der Musik

Sie hören Begriffe und Namen.
Bitte ergänzen Sie die fehlenden Buchstaben!

Kla...ier → Klavier

1 Re...iem
2 ...iener ...alzer
3 Das ...orellen...intett
4 ...idelio
5 Or...eus in der Unter...elt
6 Jaques O...enbach
7 Carl Maria ...on ...eber
8 Lud...ig ...an Beetho...en

Lösung

Requiem
Wiener Walzer
Das Forellenquintett
Fidelio
Orpheus in der Unterwelt
Jaques Offenbach
Carl Maria von Weber
Ludwig van Beethoven

Übung 4

Ferien

Sie hören Wortgruppen mit [f].
Sprechen Sie bitte nach!

1 endlich Ferien
2 mit dem Flugzeug fortfliegen
3 viel Freizeit
4 viel schlafen
5 viel fotografieren
6 Fische fangen
7 Freunde finden
8 mit dem Schiff fahren

Fischers Fritz fischt frische Fische,
frische Fische fischt Fischers Fritz.

Übung 5

Wahre Wunder!

Sie hören Wortgruppen mit [v].
Sprechen Sie bitte nach!

1 Wunder in der Wirklichkeit
2 Wärme im Winter
3 Wasser in der Wüste

4 Wege durch die Wände
5 Wiener Würstchen in Weimar
6 wirklich wunderbar

Nur ein Wunder kann dich tragen
in das schöne Wunderland.

Friedrich Schiller

Übung 6

Wir üben das Aufeinandertreffen von [f] und [f] bzw. [f] und [v].
Bitte lesen Sie!

1 auffangen
2 aufführen
3 auffordern
4 auffädeln
5 aufwischen
6 aufwachen
7 aufweisen
8 aufwachsen

Verwenden Sie diese Wörter in Wortgruppen, wie z. B. *einen Ball auffangen, in Berlin aufwachsen.*

Übung 7

Wir üben die Auslautverhärtung.
Bilden Sie zu den folgenden Adjektiven das entsprechende Substantiv!

[v] wird im Silbenauslaut zu [f], z. B.: [aktivi'tɛːt] → [ak'tiːf].

aktiv → die Aktivität

1 passiv
2 naiv
3 aggressiv
4 effektiv
5 produktiv
6 relativ

Lösung

die Passivität
die Naivität
die Aggressivität
die Effektivität
die Produktivität
die Relativität

Sprechen Sie die Wörter laut und achten Sie dabei auf den Wechsel der Akzentstelle!
Vergleichen Sie mit dem Band!

Übung 8

Klagen

Ergänzen Sie die Äußerungen durch das Partizip eines der folgenden Verben: *essen, trinken, warten, aufstehen, laufen, lachen, hoffen.*
Finden Sie möglichst viele Kombinationen!

viel zu schnell
→ Viel zu schnell gelaufen.
→ Viel zu schnell gegessen.

1 viel zu früh
2 viel zu lange
3 viel zu viel
4 viel zu selten
5 viel zu oft
6 viel zu wenig

Viel Verdruß, viel Seufzen.

Lösungsvorschlag

Viel zu früh aufgestanden.
Viel zu lange gewartet.
Viel zu viel getrunken.
Viel zu selten gelacht
Viel zu oft gehofft.
Viel zu wenig gegessen.

Übung 9

Wie bitte?

Sie haben die unterstrichenen Satzteile nicht genau verstanden. Fragen Sie nach!

Der Professor spricht über Phonologie und Phonetik. → Worüber spricht er?

1 Die Melodie verläuft interrogativ.
2 Das wichtigste Wort wird hervorgehoben.
3 Das Wort „Phonologie" hat vier Silben.
4 Der Akzent fällt auf die letzte Silbe.
5 Ein Diphthong ist eine Vokalverbindung.
6 Die Phonem-Graphem-Verhältnisse sind im Deutschen kompliziert.

Lösung

Wie verläuft sie?
Was wird hervorgehoben?
Wieviele Silben hat es?
Auf welche Silbe fällt er?
Was ist ein Diphthong?
Was ist kompliziert?

Übung 10

Sie hören einen Text über den italienischen Komponisten Gioacchino Rossini.
Ergänzen Sie die fehlenden Buchstaben!

Rossini beschä...tigte sich in den späteren Jahren

Lösung

Rossini beschä**f**tigte sich in

...or allem mit dem Er...inden neuer Kochrezepte. ...on der Musik ...ollte er nicht mehr ...iel ...issen. Als er ...on einer ...erehrerin seiner Musik ge...ragt ...urde, ...elche Töne er ...ohl ...ür die schönsten au... Erden halte, ant...ortete Rossini: „...enn der Braten in der ...anne schmort und eine ...ein...lasche geö...net ...ird."

Übung 11

Blödeleien

Erzählen Sie einen Witz!
Verwenden Sie die folgenden Angaben!

- Frau Winter kommt ins Geschäft
- beschwert sich beim Verkäufer
- gestern Fleckenwasser gekauft
- sofort ausprobiert
- Fleck geht nicht weg
- Verkäufer sehr verwundert: was für ein Fleck?
- Frau Winter: ein einfacher kleiner Leberfleck

den späteren Jahren **v**or allem mit dem Er**f**inden neuer Kochrezepte. **V**on der Musik **w**ollte er nicht mehr **v**iel **w**issen. Als er **v**on einer **V**erehrerin seiner Musik ge**f**ragt **w**urde, **w**elche Töne er **w**ohl **f**ür die schönsten au**f** Erden halte, ant**w**ortete Rossini: „**W**enn der Braten in der **Pf**anne schmort und eine **W**ein**f**lasche geö**ff**net **w**ird."

Übung 12

Sie hören ein Gedicht von Joseph von Eichendorff. Hören Sie erst nur zu, lesen Sie dann mit!

Mondnacht

Es war, als hätt der Himmel
Die Erde still geküßt,
Daß sie im Blütenschimmer
Von ihm nun träumen müßt.

Die Luft ging durch die Felder,
Die Ähren wogten sacht,
Es rauschten leis die Wälder,
So sternklar war die Nacht.

Und meine Seele spannte
Weit ihre Flügel aus,
Flog durch die stillen Lande,
Als flöge sie nach Haus.

18 Frikative [s] und [z]

Übung 1

Sie hören zu Beginn ein kleines Gedicht von Johann Wolfgang von Goethe.
Lesen Sie still mit!

Wasser allein macht stumm,
das beweisen im Teiche die Fische.
Wein allein macht dumm,
das beweisen die Herren am Tische.
Und weil ich keines von beiden will sein,
trink ich mit Wasser vermischt den Wein.

Bei [s] und [z] bildet die Vorderzunge hinter den oberen Schneidezähnen eine Enge, bei [s] ist die Spannung höher und das Reibegeräusch deutlicher (fortis) als bei [z] (lenis):

[s]	s	Hau**s**
	ss	Ta**ss**e
	ß	rei**ß**en
[z]	s	rei**s**en

Übung 2 (1. Teil)

Welches Wort hören Sie?
Unterstreichen Sie es bitte!

zerreißen	beweisen
1 reißen	reisen
2 fließen	Fliesen
3 weiße	weise
4 Muße	Muse
5 hassen	Hasen
6 wessen	Wesen
7 rissig	riesig
8 Meißen	Meisen

Lösung

reisen
fließen
weise
Muße
Hasen
wessen
riesig
Meißen

Übung 2 (2. Teil)

Sprechen Sie jetzt bitte nach!

1 reißen – reisen
2 fließen – Fliesen
3 weiße – weise
4 Muße – Muse
5 hassen – Hasen
6 wessen – Wesen
7 rissig – riesig
8 Meißen – Meisen

In Saus und Braus leben.

Übung 3

Sie hören Wortgruppen mit [s]!
Sprechen Sie bitte nach!

1	das Haus
2	das Schloß
3	das Essen
4	das Kissen
5	aus Spaß
6	aus Glas
7	Grüße aus Cottbus
8	Gefäße aus Meißen

Übung 4

Reise in den Süden

Sie hören Wortgruppen mit [z]!
Sprechen Sie bitte nach!

1	eine Sommerreise
2	in den sonnigen Süden
3	Seen und Wiesen
4	lesen und fernsehen
5	Museen besuchen
6	leise Musik hören
7	sieben sonnige Tage
8	nur selten nach Hause schreiben

Übung 5

In einer Gaststätte

Sie hören Wortgruppen.
Unterstreichen Sie das [s]!

→ Im Ga<u>s</u>thau<u>s</u> „Zum Seestern“

1 die Speisekarte
2 besondere Delikatessen
3 Seelachs und Meeresfrüchte
4 eine große Auswahl von Salaten
5 Seelachs mit Reis
6 Krebs in Aspik
7 Sojasoße oder Seetanggemüse
8 im Gasthaus des Meeres

Lösung

die Speisekarte
besondere Delikate<u>ss</u>en
Seelach<u>s</u> und Meere<u>s</u>früchte
eine gro<u>ß</u>e Au<u>s</u>wahl von Salaten
Seelach<u>s</u> mit Rei<u>s</u>
Kreb<u>s</u> in A<u>s</u>pik
Sojaso<u>ß</u>e oder Seetang-gemüse
im Ga<u>s</u>thau<u>s</u> de<u>s</u> Meere<u>s</u>

Übung 6

Bilden Sie zu folgenden Infinitiven Verben mit *aus-*!

Achten Sie auf die Akzentuierung!

reißen → <u>aus</u>reißen

1 lesen
2 weisen
3 gießen
4 lösen
5 messen
6 blasen

Verwenden Sie die Verben in Wortgruppen, z. B. *die Beeren auslesen, das Wasser ausgießen*! Bilden Sie dann auch Beispiele im Perfekt!

Lösung

auslesen
ausweisen
ausgießen
auslösen
ausmessen
ausblasen

Übung 7

Nennen Sie die Pluralform zu folgenden Substantiven!

das Gras → die Gräser

1 das Haus
2 das Glas
3 das Gleis
4 der Preis
5 der Kreis
6 der Beweis
7 der Ausweis
8 der Kurs

[z] wird im Silbenauslaut zu [s], z. B. ['grɛːzɐ] → [graːs].

Lösung

die Häuser
die Gläser
die Gleise
die Preise
die Kreise
die Beweise
die Ausweise
die Kurse

Glück und Glas, wie leicht bricht das!

Übung 8

Sie hören Wortgruppen und Sätze!
Sprechen Sie bitte nach!

Unter dem Einfluß von vorausgehenden Fortiskonsonanten wird das Anlaut-s entstimmlicht, z. B. *hal<u>b s</u>echs* [halp'z̥ɛks].

1 etwas sagen
2 etwas auf Deutsch sagen
3 mit bester Absicht
4 ein neues Buch suchen
5 Josef steht vor dem Tanzsaal.

6

7

8

Er wartet auf Sylvia.
Sie kommt halb sieben.
Er freut sich sehr.

Nennen Sie weitere Beispiele mit stimmlosem S im Anlaut nach Fortiskonsonanten!

Wer seinen Willen durchsetzen will, muß leise sprechen. *J. Giroudaux*

Übung 9

Jemand stellt sich vor. Sie haben nicht alles verstanden und fragen deshalb verwundert nach! Vergleichen Sie mit der Lösung vom Band!

Ich heiße Sebastian Süßmantel. → Du heißt Sebastian Süßmantel?

1 Ich komme vom Mars!
2 Ich lebe jetzt in Sangerhausen.
3 Ich wohne in der Silberstraße 7.
4 Ich habe am 29. Februar Geburtstag.
5 Ich habe zwölf Schwestern.
6 Ich arbeite als Ausredenerfinder.

Lösung

Du kommst vom Mars?
Du lebst jetzt in Sangerhausen?
Du wohnst in der Silberstraße 7?
Du hast am 29. Februar Geburtstag?
Du hast 12 Schwestern?
Du arbeitest als Ausredenerfinder?

Bilden Sie jetzt die Fragen in der Höflichkeitsform, also: *Sie kommen vom Mars?*

Übung 10

Lesen Sie die Spielanleitung und spielen Sie mit!

Kennen Sie das Spiel *Ich sehe was, was du nicht siehst!*? – Nein? – Passen Sie auf!

Das geht so: Sie sitzen in einem Raum, der mit möglichst vielen Dingen ausgestattet ist. Ein Mitspieler sucht irgendetwas aus dem gemeinsamen Blickfeld aus und schreibt es auf einen Zettel. Dann sagt er: *„Ich sehe was, was du nicht siehst, und das sieht rot aus! Was ist das?"* – Nun müssen die anderen raten. Wer errät, was auf dem Zettel steht, kann als nächster fragen.

Verwendet werden alle bekannten Farben. Suchen sollen Sie hier aber nur Gegenstände, die ein S enthalten, z.B. *Vase, Bluse, Hose, Seife, Seite, Glas, Ausweis, Wasser, Kassette, Fenster* usw.!

Übung 11

Sie hören einen Text über die Wartburgstadt Eisenach. Ergänzen Sie die fehlenden Wörter!

In Eisenach gibt es viel .... zu sehen. Die .... Besucher der Stadt .... natürlich .... die Wartburg. Sie ist mit dem Namen Martin Luthers eng verbunden. In Eisenach wird man aber auch an Johann .... Bach erinnert. .... gilt der zweite .... oft dem Bachhaus. Hier sind alte .... zu sehen und zu hören.

Lösung

Interessantes
meisten
besichtigen, zuerst

Sebastian, deshalb
Besuch
Musikinstrumente

Übung 12

Sie hören zum Schluß ein Gedicht von Abraham a Santa Clara über eine merkwürdige Ehe!
Bitte lesen Sie mit!

Will er sauer, so will ich süß,
will er Mehl, so will ich Grieß,
will er essen, so will ich fasten,
will er gehen, so will ich rasten.

Ißt er Suppe, so eß ich Brocken,
will er Strümpfe, so will ich Socken,
sagt er ja, so sag ich nein,
säuft er Bier, so trink ich Wein.

Will er dies, so will ich das,
singt er Alt, so sing ich Baß,
will er Hü, so will ich Hott:
Das ist ein Leben, erbarm es Gott!

19 Frikative [ʃ] und [ʒ]

Bei [ʃ] und [ʒ] bildet der vordere Zungenrand eine Enge mit dem vorderen harten Gaumen, die Lippen sind kräftig nach vorn gestülpt; bei [ʃ] ist die Spannung höher und das Reibegeräusch deutlicher (fortis) als bei [ʒ] (lenis); [ʒ] kommt nur in Fremdwörtern vor:

- [ʃ] – sch – **Sch**ule
- [ʃ] – st – **St**ufe
- [ʃ] – sp – **Sp**iel
- [ʒ] – j – **J**ournalist
- [ʒ] – g – Eta**g**e

Übung 1

Sie hören zu Beginn drei Sinnsprüche.
Lesen Sie still mit!

1 Für den Menschen ist die menschliche Gestalt das Schönste. *A. v. Chamisso*
2 Das wahre Genie kennt keine Schranken. *J. N. Nestroy*
3 Jeder Mensch hat seine eigene Sprache. *Novalis*

Übung 2 (1. Teil)

Welches Wort hören Sie?
Unterstreichen Sie es bitte!

	Genie	<u>Schi</u>
1	Saal	Schal
2	Tasse	Tasche
3	Gelee	Schnee
4	Fleisch	Fleiß
5	Etage	Tasche
6	wischen	wissen

Lösung

Schal
Tasche
Gelee
Fleisch
Etage
wissen

Übung 2 (2. Teil)

Sprechen Sie jetzt bitte nach!

1 der Saal – der Schal
2 die Tasse – die Tasche
3 der Gelee – der Schnee
4 das Fleisch – der Fleiß
5 das Genie – der Schi
6 die Etage – die Tasche

Übung 3

Sie hören Wörter und Wortgruppen.
Ergänzen Sie die fehlenden Buchstaben!

im Re...ieraum → im Regieraum

1 der Tonin...enieur
2 der Nachrichten...precher

Lösung

der Toningenieur
der Nachrichtensprecher

3 der ...ournalist	der Journalist
4 die Zeit...rift	die Zeitschrift
5 das Su...et	das Sujet
6 die ...lagzeile	die Schlagzeile
7 die Fotomonta...e	die Fotomontage
8 die ...portreporta...e	die Sportreportage

Übung 4

Was schenken wir zum Geburtstag?

Sie hören Wortgruppen mit [ʃ].
Sprechen Sie bitte nach!

1	ein Schachspiel
2	eine Schallplatte
3	eine Schlüsseltasche
4	eine Flasche Wein
5	eineTafel Schokolade
6	einen Taschenschirm
7	einen Kugelschreiber
8	Schneeglöckchen

Anschlag in den Zimmern eines New Yorker Hotels:
Wenn Sie nicht schlafen können, geben Sie nicht gleich dem Bett die Schuld. Erforschen Sie erst Ihr Gewissen!

Aus: Schmunzelbrevier

Übung 5

Namen und Begriffe aus dem Französischen

Sie hören Wortgruppen und Äußerungen mit [ʒ].
Lesen Sie sie still mit!

1 eine Reportage [repɔr'taʒə] schreiben
2 die Montage [mɔn'taːʒə] leiten
3 Orangen [o'raŋʒn̩] essen
4 als Ingenieur [ɪnʒe'nĭøːɐ] arbeiten
5 Peter ist Journalist [ʒʊrna'lɪst]
6 seine Frau heißt Jeanette [ʒa'nɛt]

7 sie wohnen in der 2. Etage [e'taːʒə]
8 vor der Garage [ga'raːʒə] steht ihr Peugeot [pø'ʒoː]

Lesen Sie die Beispiele jetzt laut!

Übung 6

Wörter aus dem Englischen

Hier erscheint meist die Affrikate [dʒ].
Hören Sie und lesen Sie still mit!

1 ein Gentleman ['dʒɛntlmən]
2 mit dem Jeep [dʒiːp]
3 die Jeans [dʒiːns]
4 der Jogginganzug ['dʒɔgiŋ ˌantsuːk]
5 ohne Job [dʒɔp]
6 der Jazz [dzɛs]

Kennen Sie noch andere Beispiele mit [dʒ]?

Übung 7

Sportfest in Münster

Wir üben die Aussprache der Buchstabenverbindungen *st* bzw. *sp*.
Sie hören Wortgruppen und Äußerungen.
Sprechen Sie sie nach!

1 ein Sportfest veranstalten
2 im Stadion am Westpark
3 im August stattfinden
4 Gäste aus Spanien
5 an den Start gehen
6 begeistert Fußball spielen
7 großartige Leistungen vollbringen
8 viel Spaß haben

Sprechen Sie jetzt über ein Sportfest! Benutzen Sie dazu auch einige der Wortgruppen!

Wohnt in diesem Haus ein gewisser Vogel?
Ja. In der zweiten Etage. Er heißt Specht.

Übung 8

Bilden Sie Komposita mit dem Grundwort *Spiel*!

der Gast → das Gastspiel

1 die Sprache
2 das Versteck
3 der Federball
4 das Fest
5 das Schach
6 das Tischtennis

Welche Spiele kennen Sie noch?

Lösung

das Sprachspiel
das Versteckspiel
das Federballspiel
das Festspiel
das Schachspiel
das Tischtennisspiel

Übung 9

Wir üben das Aufeinandertreffen von [s] und [ʃ]! Hören Sie zuerst die Tonaufnahme, sprechen Sie die Wörter dann selbst!

1 ausschalten
2 ausschließen
3 ausschreiben
4 ausstellen
5 aussteigen
6 ausstoßen
7 ausspannen
8 aussprechen

Verwenden Sie diese Verben in Wortgruppen, z. B. *das Licht ausschalten, aus dem Bus aussteigen, ein Wort richtig aussprechen*!

Übung 10

Am frühen Morgen

Reagieren Sie auf die Fragen ungeduldig! Vergleichen Sie dann mit der Lösung vom Band!

Wo sind denn nur wieder meine Schuhe? /Schrank/

→ Deine Schuhe? Na dort, unter dem Schrank!

1 Wo sind denn nur wieder meine Autoschlüssel? /Schlüsselbrett/
2 Kann mir jemand sagen, wo meine Handschuhe sind? /Stuhl/

Lösung

Deine Autoschlüssel? Na dort, am Schlüsselbrett!
Deine Handschuhe? Na dort, auf dem Stuhl!

3 Hast du meine Schultasche gesehen? /Schlafzimmer/
4 Ich finde wieder einmal meinen Schal nicht. Weißt du, wo er ist? /Nachttisch/
5 Wo ist denn nur wieder mein Schirm? /Garderobe/
6 Kann mir jemand sagen, wo mein Spazierstock ist? /Schrank/

Deine Schultasche? Na dort, im Schlafzimmer!
Dein Schal? Na dort, auf dem Nachttisch!
Dein Schirm? Na dort, an der Garderobe!
Dein Spazierstock? Na dort, im Schrank!

Übung 11

Sprachschule

Hören Sie den folgenden Text und ergänzen Sie die fehlenden Wörter!

„Ich werde arg ....“, sagte die ....
„Ich setze .... für andere ein“, sagte die ....
„Ich bin gebildet“, sagte die ....
„Wie bin ich doch ....“, sagte die Ansprache.
„Ich gebe ein Zeichen“, sagte die ....
„Nur wenige .... mich“, sagte die ....
„Ich werde mangelhaft ....“, sagte die ....
„Ich werde vielen verweigert“, sagte die ....
„Nicht mal mit mir können viele .... umgehen“, sagte die ....

Thomas Chr. Dahme

Lesen Sie nun den Text laut vor!

Lösung

vernachlässigt
Aussprache
mich
Fürsprache
Literatursprache
feierlich

Zeichensprache

verstehen
Fachsprache
beherrscht
Fremdsprache

Mitsprache
richtig
Umgangssprache

Übung 12

Lesen Sie zum Abschluß den Text des deutschen Volksliedes *An der Saale hellem Strande*!

An der Saale hellem Strande
stehen Burgen stolz und kühn;
ihre Dächer sind zerfallen,
und der Wind streicht durch die Hallen,
Wolken ziehen drüber hin.

Zwar die Ritter sind verschwunden,
nimmer klingen Speer und Schild;
doch dem Wandersmann erscheinen
in den altbemoosten Steinen
oft Gestalten zart und mild.

Droben winken schöne Augen,
freundlich lacht manch roter Mund;
Wandrer schaut wohl in die Ferne,
schaut in holder Augen Sterne,
Herz ist heiter und gesund.

Und der Wandrer zieht von dannen,
denn die Trennungsstunde ruft;
und er singet Abschiedslieder,
lebe wohl, tönt ihm hernieder.
Tücher wehen in der Luft.

Worte: Franz Kugler, 1826
Weise: Friedrich Ernst Fesca, 1822

Wohnt in diesem Haus ein gewisser Vogel?

20 Frikative [ç], [x] und [j]

Übung 1

Sie hören zu Beginn zwei Strophen aus dem Volkslied „Ein Jäger aus Kurpfalz“.
Lesen Sie bitte still mit!

Ein Jäger aus Kurpfalz,
der reitet durch den grünen Wald,
er schießt das Wild daher,
gleich wie es ihm gefällt.

Ju ja, ju ja, gar lustig ist die Jägerei
allhier auf grüner Heid’.

Jetzt reit’ ich nicht mehr heim,
bis daß der Kuckuck Kuckuck schreit,
er schreit die ganze Nacht
allhier auf grüner Heid’.

Ju ja, ju ja, gar lustig ist die Jägerei
allhier auf grüner Heid’.

[ç] und [j] entstehen durch eine Enge zwischen Mittelzunge und Gaumen; der Ich-Laut [ç] ist stimmlos und wird mit stärkerem Reibegeräusch gebildet als das stimmhafte [j]; der Ach-Laut [x] entsteht durch eine Enge zwischen Hinterzunge und hinterem Gaumen, das Reibegeräusch ist kräftig:

[ç]	ch	Li**ch**t
	-ig	Leipz**ig**
[j]	j	**J**acke
[x]	ch	Bu**ch**

Übung 2

Sie hören ein Wort.
Markieren Sie bitte, ob es ein [ç], ein [x] oder ein [j] enthält!

	[ç]	[x]	[j]
(Chemie)	×		
1			
2			
3			
4			
5			
6			

Lösung

[ç]	[x]	[j]	
		×	(Jena)
×			(echt)
	×		(acht)
	×		(Bach)
×			(Bäche)
		×	(Jugend)

Übung 3

Unterscheiden Sie zwischen [ç] und [ʃ]! Hören Sie das erste oder das zweite Wort?

<u>Männchen</u>	Menschen	1.
1 Kirche	Kirsche	
2 Teppich	täppisch	

Lösung

2.
1.

3	Löcher	Löscher	2.
4	selig	seelisch	2.
5	rassig	rassisch	1.
6	Herrchen	herrschen	1.

Übung 4 (1. Teil)

Unterscheiden Sie zwischen [x] und [k]! Sind die beiden Wörter gleich oder nicht?

	gleich	ungleich
(acht – acht)	×	
1		
2		
3		
4		
5		
6		
7		
8		

Lösung

gl.	ungl.	
	×	(acht – Akt)
×		(Pakt – Pakt)
×		(Jagd – Jagd)
	×	(Nacht – nackt)
	×	(regnen – rechnen)
	×	(Tag – Dach)
	×	(Bug – Buch)
×		(Loch – Loch)

Übung 4 (2. Teil)

Ergänzen Sie die folgenden Sätze mit Wörtern aus dem 1. Teil! Vergleichen Sie dann mit der Lösung vom Band!

1 Kleine Kinder baden gern ...

2 Große Kinder gehen gern in eine ...

3 Die Kirche bekommt ein neues ...

4 Die Dachdecker arbeiten den ganzen ...

5 Es wird gleich ...
6 Dann hat Gregor Zeit zum ...

Lesen Sie die Sätze laut!

Lösung

Kleine Kinder baden gern nackt.
Große Kinder gehen gern in eine Nachtbar.
Die Kirche bekommt ein neues Dach.
Die Dachdecker arbeiten den ganzen Tag.
Es wird gleich regnen.
Dann hat Gregor Zeit zum Rechnen.

Übung 5

Sie hören Wortgruppen mit dem Ich-Laut. Sprechen Sie bitte nach!

1 freundliche Mädchen
2 einsichtige Töchter

3 glückliche Pärchen
4 wunderliche Märchen
5 liebliche Orchideen
6 ordentliche Archive
7 gründliche Chemiker
8 fröhliche Architekten

Übung 6

Ausgekocht

Sie hören Wortgruppen mit dem Ach-Laut.
Sprechen Sie bitte nach!

1 ein guter Koch
2 den Kochtopf suchen
3 im Kochbuch nachsehen
4 Knochen kochen
5 Eierkuchen machen
6 eine Schachtel Wachteleier
7 ein Hauch Knoblauch
8 noch ein paar Stachelbeeren?

Das Kochbuch der Jahreszeiten ist Liebe.

Übung 7

Jetzt und immer

Lesen Sie die folgenden Wortgruppen mit [j] laut!

1 im Januar
2 im Juni oder Juli
3 Jahr für Jahr
4 jung an Jahren
5 zu jeder Jahreszeit
6 ein Jahr in Japan
7 am Jahresende in Jena
8 jetzt einen Jasmintee

Wer im zwanzigsten Jahr nicht schön,
im dreißigsten Jahr nicht stark,
im vierzigsten Jahr nicht klug,
im fünfzigsten Jahr nicht reich ist,
der darf danach nicht hoffen. *Martin Luther*

Übung 8

In dieser Übung kommen [ç], [x], [ʃ] und [j] vor.
Bitte sprechen Sie nach!

1
2
3
4
5
6
7
8

Gedichte von Schiller
Märchen aus Schweden
Menschen in der Kirche
ein herrlicher Jahrgang
dem Glück nachjagen
junge Sträucher schützen
Achtung, Hochspannung!
Vorsicht, frisch gestrichen!

Übung 9

Wir üben das Aufeinandertreffen von [ç], [x], [ʃ] und [j].
Bitte lesen Sie laut, erst langsam und besonders sorgfältig, dann schneller!

1 sich schämen
2 sich schütteln
3 ein Tischchen
4 ein Täschchen
5 durch Jena
6 noch jung
7 nach Jahren
8 nach China

Durch Schaden wird man klug.

Übung 10

Sprechen Sie den Plural und ergänzen Sie den Singular! Sie hören beide Formen vom Tonband! Achten Sie auf den Wechsel von [ç] und [x]!

die Fächer → die Fächer, das Fach

1 die Bäche
2 die Nächte
3 die Bücher
4 die Brüche
5 die Löcher

Lösung

die Bäche, der Bach
die Nächte, die Nacht
die Bücher, das Buch
die Brüche, der Bruch
die Löcher, das Loch

6 die Köche
7 die Sträucher
8 die Schläuche

die Köche, der Koch
die Sträucher, der Strauch
die Schläuche, der Schlauch

Übung 11

Sprechen Sie das Adjektiv und ergänzen Sie die Steigerungsformen! Vergleichen Sie mit dem Band!

wenig → wenig – weniger – am wenigsten

1 billig
2 nötig
3 fleißig
4 schwierig
5 tüchtig
6 wichtig
7 freundlich
8 reichlich

Lösung

billig – billiger – am billigsten
nötig – nötiger – am nötigsten
fleißig – fleißiger – am fleißigsten
schwierig – schwieriger – am schwierigsten
tüchtig – tüchtiger – am tüchtigsten
wichtig – wichtiger – am wichtigsten
freundlich – freundlicher – am freundlichsten
reichlich – reichlicher – am reichlichsten

Lachen ist die billigste und beste Medizin.

Übung 12

Bilden Sie aus folgenden Substantiven die Verkleinerungsform mit *-chen*!

das Haus → das Häuschen

1 das Zimmer
2 der Stuhl
3 der Tisch
4 die Puppe
5 das Kind
6 der Strumpf
7 die Jacke
8 der Becher

Lösung

das Zimmerchen
das Stühlchen
das Tischchen
das Püppchen
das Kindchen
das Strümpfchen
das Jäckchen
das Becherchen

Erzählen Sie ein kleines Märchen, in dem diese und weitere Verkleinerungsformen vorkommen!

Übung 13

Was gehört wohin?

Ergänzen Sie die folgenden Sätze durch *leicht verdaulich, richtig tüchtig, wirklich frisch, sehr freundlich, manchmal wunderlich, schäbig und durchlöchert, chinesisch und griechisch* !

Die Menschen in München sind ... → sehr freundlich.

1 Märchen sind ...

2 Die Tücher sind ...

3 Herr Richter spricht ...

4 Das Fleischgericht ist ...

5 Die Brötchen sind ...

6 Nach den Ferien sind die Schüler ...

Lösung

Märchen sind manchmal wunderlich.
Die Tücher sind schäbig und durchlöchert.
Herr Richter spricht chinesisch und griechisch.
Das Fleischgericht ist leicht verdaulich.
Die Brötchen sind wirklich frisch.
Nach den Ferien sind die Schüler richtig tüchtig.

Wenn mancher Mann wüßte, wer mancher Mann wär', gäb mancher Mann manchem Mann manchmal mehr Ehr'.

Übung 14 (1. Teil)

So viele Fragen

Bilden Sie verwunderte Fragen mit *täglich* nach folgendem Muster:

Sekt trinken → Sie trinken täglich Sekt?

1 Milch trinken
2 schwimmen gehen

3 Fleisch essen
4 drei Schachteln Zigarren rauchen

5 Schuhe putzen

6 Besuch bekommen

Lösung

Sie trinken täglich Milch?
Sie gehen täglich schwimmen?
Sie essen täglich Fleisch?
Sie rauchen täglich drei Schachteln Zigarren?
Sie putzen täglich Ihre Schuhe?
Sie bekommen täglich Besuch?

Übung 14 (2. Teil)

Sie hören diese Fragen jetzt vom Tonband.
Sprechen Sie sie nach und antworten Sie bitte!

Sie trinken täglich Sekt? (nur manchmal) →
Nein, nur manchmal.

1 Sie trinken täglich Milch? (fast jeden Tag)
2 Sie gehen täglich schwimmen? (jeden Morgen)
3 Sie essen täglich Fleisch? (nicht täglich, mehrmals in der Woche)
4 Sie rauchen täglich drei Schachteln Zigarren? (rauche überhaupt nicht)
5 Sie putzen täglich Ihre Schuhe? (versuche es wenigstens)
6 Sie bekommen täglich Besuch? (nicht jeden Tag, ziemlich oft)

Lösung

Ja, fast jeden Tag.
Ja, jeden Morgen.
Nein, nicht täglich, aber mehrmals in der Woche.
Nein, ich rauche überhaupt nicht.
Ja, ich versuche es wenigstens.
Nein, nicht jeden Tag, aber ziemlich oft.

Übung 15

Sie hören einen Text über Friedrich Schiller.
Ergänzen Sie die fehlenden Wörter!

Friedrich Schiller lebte von .... bis .... Er .... seine Kindheit in .... , ... und .... An der Universität in .... war er Professor für .... kam er nach Weimar. Dort traf er Goethe, mit dem ihn eine .... verband. Schiller schrieb Dramen, ... , ... und .... , mit ...... Jahren, starb er .... in Weimar.

Lösung

1759, 1805
verbrachte, Marbach
Ludwigsburg, Lorch, Jena
Geschichte, 1787

echte Freundschaft
Gedichte, historische
kunsttheoretische Schriften
noch jung, 46, 1805

Übung 16

Lachen steckt an!

Breitenwirkung

Worum geht es in der Bildgeschichte von Bidstrup? Erzählen und kommentieren Sie!

Übung 17

Sie hören abschließend zwei kleine Texte. Hören Sie zuerst nur zu, lesen Sie dann still mit und sprechen Sie anschließend selbst!

Ein Mensch – man sieht, er ärgert sich –
schreit wild: Das ist ja lächerlich!
Der andre, gar nicht aufgebracht,
zieht draus die Folgerung und – lacht. *E. Roth*

Freunde, nur Mut!
lächelt und sprecht:
Die Menschen sind gut,
nur die Leute sind schlecht. *E. Kästner*

Lachen ist gesund.
Wer zuletzt lacht, lacht am besten.
Der Spaß ist gut, wenn jeder lacht.

21 R-Laute

Übung 1

Sie hören zu Beginn ein Rätsel.
Lesen Sie still mit!

Rate, rate, rate:
Es hängt an einem Drahte
und nicht an einem Spieß,
rate, wie es hieß. ...

Es ist nicht in der Haut,
sondern in der Braut,
der Richter hats hinten und vorn,
der Bauer hats mitten im Korn,
und Lieschen hats gar nicht,
und Gretchen hats hübsch und fein –
was mag das für ein Ding wohl sein?

Im Deutschen gibt es Zungenspitzen-, Zäpfchen- und Reibe-R; wir verwenden hier das Reibe-R ([r]), es entsteht durch eine Enge zwischen Hinterzunge und Gaumen (wie bei [x], aber mit schwachem, meist stimmhaftem Reibegeräusch); nach langen Vokalen wird ein halbhoher dunkler Mittelzungenvokal ($[^{ɐ}]$) gesprochen, sein Klang liegt zwischen [ə] und [ɔ]; in *er-*, *her-*, *ver-*, *zer* und in *-er* wird statt [ɛ] bzw. [ə] + [r] nur [ɐ] gesprochen: *Erzähler* [ɐ'tsɛːlɐ].

[r] — r — **r**ot
[r] — rr — He**rr**
[r] — rh — **Rh**etorik

$[^{ɐ}]$ — r — Tü**r**

[ɐ] — er — **Er**zähl**er**

Das R

Übung 2

Welches Beispiel hören Sie?
Unterstreichen Sie es bitte!

der Durst	der Dunst
1 das Gericht	das Gedicht
2 der Sport	der Spott
3 das Märchen	das Mädchen
4 dort	der Docht
5 die Kuren	die Kuchen
6 der Start	die Stadt

Lösung

das Gedicht
der Sport
das Märchen
der Docht
die Kuren
der Start

Übung 3

Sie hören Wortgruppen mit [r] im Anlaut.
Sprechen Sie bitte nach!

1 Renate
2 ein richtiges Mädchen
3 ein rundes Gesichtchen
4 ein reizendes Näschen
5 ein rotes Röckchen
6 rutschende Söckchen

Kleine Kinder – kleine Sorgen,
große Kinder – große Sorgen.

Übung 4 (1. Teil)

Sie hören Wortgruppen mit [r] nach Konsonant.
Sprechen Sie bitte nach!

1	einen Brief schreiben
2	den Auftrag schriftlich bestätigen
3	dringend um Prospekte bitten
4	mit dem Praktikanten sprechen
5	die Adresse prüfen
6	den Brief als Einschreiben schicken

Übung 4 (2. Teil)

Sie hören Wörter und Wortgruppen mit [r] vor Vokal und nach kurzem Vokal.
Sprechen Sie bitte nach!

1	im Garten arbeiten
2	reife Kirschen
3	eine grüne Gurke
4	große Pfirsiche
5	die Birnen ernten
6	den Herbst gern haben

Juniregen – reicher Segen.

Bauernregel

Übung 5

Welches Wort hören Sie?
Unterstreichen Sie es bitte!

Land	Rand	Lösung
1 leise	Reise	Reise
2 Floh	froh	Floh
3 laben	Raben	Raben

4 hell	Herr	Herr
5 Geld	Gerd	Geld
6 halt	hart	hart

Es liegt ein Klötzchen Blei gleich bei Blaubeuren.

Übung 6

Sie hören Wortgruppen.
Sprechen Sie bitte nach!

1 in Berlin
2 bei Görlitz
3 neben Wörlitz
4 Karl und Gerlinde
5 in Irland
6 eine herrliche Woche

Übung 7

Vor dem Urlaub

Sie hören Wörter und Äußerungen mit [ɐ] nach langem Vokal.
Sprechen Sie bitte nach!

1 die Uhr
2 die Tür
3 ein Taxi für vier Uhr
4 vor der Tür stehen
5 das Gepäck gehört mir
6 die Tasche ist sehr schwer

Übung 8

Sie hören Wortpaare.
Lesen Sie still mit! Wiederholen Sie jeweils nur das Wort mit dem langen Vokal und [ɐ]!

		Lösung
1 Urteil	Uhrglas	Uhrglas
2 Herr	Heer	Heer
3 Spurt	Spur	Spur
4 Wirt	wir	wir
5 Hirt	hier	hier
6 fort	vor	vor

Übung 9

Bilden Sie zu folgenden Verben das Partizip wie im Muster!
Vergleichen Sie mit dem Band und sprechen Sie nach!

spüren → gespürt

1 stören
2 hören
3 führen
4 lehren
5 diktieren
6 marschieren

Bilden Sie nun mit den Partizipien Wortgruppen!

Lösung

gestört
gehört
geführt
gelehrt
diktiert
marschiert

Übung 10

Welches Wort hören Sie?
Unterstreichen Sie es bitte!

Fische	Fischer
1 bitte	bitter
2 Lage	Lager
3 Weite	weiter
4 Länge	länger
5 Laute	lauter
6 Fliege	Flieger

Lösung

bitte
Lager
Weite
länger
lauter
Flieger

Übung 11

Bilden Sie zu folgenden Verbformen maskuline und feminine Substantive!

ich fahre → der Fahrer, die Fahrerin

1 ich lehre
2 ich höre
3 ich klage
4 ich schreibe
5 ich laufe
6 ich springe

Lösung

der Lehrer, die Lehrerin
der Hörer, die Hörerin
der Kläger, die Klägerin
der Schreiber, die Schreiberin
der Läufer, die Läuferin
der Springer, die Springerin

Was man schreibt, bleibt!

Übung 12

Lesen Sie die folgenden Wörter und Wortgruppen mit dem vokalischen R laut!
Bilden Sie damit Sätze und erzählen Sie eine Geschichte!

etwas vergessen
sich verspäten
sich verlaufen
sich erkundigen
jemanden herbeiholen
vor dem Theater
zur Vorstellung

Übung 13

Sprechen Sie über die Schädlichkeit des Rauchens und verwenden Sie dabei die folgenden Wortgruppen!

Zigarren und Zigaretten
enthalten Nikotin und Teer
Nikotin: Übelkeit, Erbrechen, Durchfall, Zittern verursacht
Folgen bei mehrjährigem Rauchen: Durchblutungsstörungen, Herzinfarkt, Magengeschwüre, Lungenkrebs
Kinder besonders gefährdet
soll in der Öffentlichkeit verboten werden

Übung 14

Sie hören einen Text über Fritz Reuter.
Ergänzen Sie bitte die fehlenden Buchstaben *r, rr, -er*!

Fritz Reuter wa... ein bekannt... no...ddeutsch... ...zähl... . E... wu...de 1810 in Stavenhagen in Mecklenbu...g gebo...en. Im Alt... von d...eißig Jah...en begann e... mit e...sten sch...iftstell...ischen V...suchen. E... wandte sich besond...s sozialk...itischen F...agen zu. Die meisten ...omane, Schnu...en, Sati...en und Humo...esken sch...ieb e... in mecklenbu...gisch... Munda...t. Sie entwe...fen ein ...eales Zeitbild des f...üh...en dö...flichen Lebens. Reuter sta...b 1874 in Eisenach in Thü...ingen.

Lösung

Fritz Reuter war ein bekannter norddeutscher Erzähler. Er wurde 1810 in Stavenhagen in Mecklenburg geboren. Im Alter von dreißig Jahren begann er mit ersten schriftstellerischen Versuchen. Er wandte sich besonders sozialkritischen Fragen zu. Die

Übung 15

Sie hören zum Abschluß einige Zungenbrecher und ein Gedicht.
Lesen sie zuerst still mit und versuchen Sie es dann selbst!

Blaukraut bleibt Blaukraut, und Brautkleid bleibt Brautkleid.
Die Katze tritt die Treppe krumm, der Kater tritt sie grade.
Brauchbare Bierbrauerburschen brauen brauchbares Bier.

Ballade in -rch

In einer engen Ackerfurche
begegneten sich einst zwei Lurche.
Von denen sprach der eine Lurch:
Laß mich gefälligst einmal durch!
Der andre – schon ein Patriarch –
entgegnete nur mit Geschnarch.
Entsetzt zum Himmel stob die Lerche
und schrie: Zwei Lurche stehn verzwerche!
Da rief's vom Dach des Hauses: Horch!
Das ist ein Bissen für mich, Storch.
Er kam und fraß mit Haut und Härchen
das Ackerfurchenlurchenpärchen.

Peter Uhu

meisten Romane, Schnurren, Satiren und Humoresken schrieb er in mecklenburgischer Mundart. Sie entwerfen ein reales Zeitbild des früheren dörflichen Lebens. Reuter starb 1874 in Eisenach in Thüringen.

Drei Trantonnen, drei Teertonnen, drei ...

22 Nasale [n] und [ŋ]

Bei den Nasalen wird die Ausatmungsluft durch die Nase geleitet, die Stimmlippen schwingen; bei [n] bildet die Vorderzunge einen Verschluß an den oberen Schneidezähnen, beim Ang-Laut [ŋ] bildet die Hinterzunge einen Verschluß am hinteren Gaumen.
Achtung: Der Verschluß wird nasal, ohne nachfolgendes [g] oder [k] gelöst!

[n] — n — **N**ame
[n] — nn — Ma**nn**

[ŋ] — ng — si**ng**en
[ŋ] — n(k) — Ba**n**k

Übung 1

Sie hören zu Beginn einen kurzen Dialog.
Lesen Sie still mit und achten Sie auf die Markierungen!

Im Museum

A: Soll das ein Sonnenaufgang oder ein Sonnenuntergang sein?
B: Natürlich ein Sonnenuntergang. Ich kenne den Maler. So früh steht der nie auf.

Übung 2

Welches Wort hören Sie?
Unterstreichen Sie es bitte!

	Zahl	Zahn
1	bald	Band
2	Hals	Hans
3	Kilo	Kino
4	weilen	weinen
5	Saale	Sahne
6	Halle	Hanne
7	alle	Anne
8	leben	neben

Lösung

bald
Hans
Kilo
weinen
Saale
Hanne
alle
neben

Übung 3

Bilden Sie zu folgenden Adjektiven Antonyme mit *un-*!

bewußt → unbewußt

1 beliebt
2 bekannt
3 bequem
4 pünktlich
5 genügend
6 geduldig
7 klar
8 klug

Lösung

unbeliebt
unbekannt
unbequem
unpünktlich
ungenügend
ungeduldig
unklar
unklug

Übung 4

In welchen Ländern liegen diese Städte?
Antworten Sie!

Berlin → In Deutschland.

1 Warschau
2 Sofia
3 Antwerpen
4 Athen
5 Toronto
6 Lissabon

Lösung

In Polen.
In Bulgarien.
In Belgien.
In Griechenland.
In Kanada.
In Portugal.

Übung 5

Bilden Sie zu folgenden Substantiven die Diminutivform mit *-chen*!

der Hans → das Hänschen

1 die Gans
2 der Mann
3 der Zahn
4 der Hahn
5 der Zaun
6 die Bahn

Lösung

das Gänschen
das Männchen
das Zähnchen
das Hähnchen
das Zäunchen
das Bähnchen

Was Hänschen nicht lernt, lernt Hans nimmermehr.

Übung 6

Sie hören einen Dialog, in dem der Ang-Laut mehrmals vorkommt.
Lesen Sie mit und achten Sie auf die Markierungen!

Die Klingel

A: Herr Singer, wollten Sie nicht meine Klingel reparieren? Ich habe gestern lange auf Sie gewartet.

B: Sie haben lange gewartet? Ja, aber ich habe geklingelt und geklingelt, und keiner hat geöffnet. Da bin ich wieder gegangen.

Übung 7

Welches Wort hören Sie?
Unterstreichen Sie es bitte!

			Lösung
	Spanne	Spange	
1	Wanne	Wange	Wanne
2	rinnen	ringen	ringen
3	drinnen	dringen	drinnen
4	sinnen	singen	singen
5	wanken	Wangen	wanken
6	sinken	singen	singen
7	Klinke	Klinge	Klinge
8	schlank	schlang	schlank

Übung 8

Sie hören Äußerungen.
Sprechen Sie bitte nach!

1	Zu Inge in die Springerstraße.
2	Über viele Kreuzungen.
3	Viele Eingänge mit Klingeln.
4	Und Inges Wohnung? Ach, hier klingeln.
5	Das dauert lange.
6	Hallo, Inge, ich bringe die Zeitungen zurück!

Übung 9

Sprechen Sie den Singular und ergänzen Sie den Plural!

die Übung → die Übung, die Übungen

		Lösung
1	die Lösung	die Lösung, die Lösungen
2	die Endung	die Endung, die Endungen
3	die Sendung	die Sendung, die Sendungen
4	die Prüfung	die Prüfung, die Prüfungen
5	die Zeitung	die Zeitung, die Zeitungen
6	die Meinung	die Meinung, die Meinungen
7	die Wohnung	die Wohnung, die Wohnungen
8	die Rechnung	die Rechnung, die Rechnungen

Übung 10

Sie hören einen Text.
Ergänzen Sie die fehlenden Wörter!

Wo ist die .... von .... und ....? Sie befindet sich in einem alten Haus mit zwei .... Die .... hat vier Zimmer und einen .... Auf dem .... stehen zwei .... In der .... gibt es zwei schöne alte .... Die .... ist zwar schon alt, aber sie .... noch.

Lesen Sie den Text laut vor!

Lösung

Wohnung, Ingo, Anke Lange

Eingängen, Wohnung
Balkon, Balkon
Bänke, Wohnung
Schränke, Heizung
funktioniert

Übung 11

Am Buffet

Sie hören Aufforderungen.
Reagieren Sie mit ungeduldigen Fragen! Vergleichen Sie sie mit der Lösung vom Band!

Häng den Mantel auf! → Warum hängst du nicht den Mantel auf?

1 Bring das Tablett mit!

2 Bring etwas zu trinken!

3 Bring etwas zu essen!

4 Fang an zu essen!

5 Fang an zu trinken!

6 Fang an abzuräumen!

Lösung

Warum bringst du nicht das Tablett mit?
Warum bringst du nichts zu trinken?
Warum bringst du nichts zu essen?
Warum fängst du nicht an zu essen?
Warum fängst du nicht an zu trinken?
Warum fängst du nicht an abzuräumen?

Will es nicht gelingen,
so kannst du's nicht erzwingen.

Übung 12

Erzählen Sie zu den folgenden Bildern eine Geschichte! Verwenden Sie das vorgegebene Wortmaterial!

- ein Mann angelt
- ein Fisch hängt an der Angel

- bringt den Fisch an der Angel nach Hause

- die Fotografen drängen sich

- Meldung vom Fischfang steht in der Zeitung

- der Angler stillt seinen Hunger

- der Mann geht wieder angeln und denkt an einen großen Fang

- alle lesen es in der Zeitung
- viele Angler kommen
- Schluß mit dem Anglerglück

Übung 13

Hören Sie zum Abschluß ein Gedicht von Jürgen Rennert.
Lesen Sie erst still mit, sprechen Sie es dann selbst!

Übung

Ach, es läßt sich gar nichts zwingen,
wenn man nichts zu zwingen hat.
Willst du keine Lieder singen,
hilft dir auch kein Notenblatt.

Alles will bezwungen werden,
Stimme, Stimmung und Gedanken.
Selbst den freiheitlichen Pferden
setzt die Koppel sichtbar Schranken.

Manchmal springen sie darüber.
Das ist meist bei hellem Mondschein.
Und dann klappt es auch, mein Lieber.
Nur das Springen will gewohnt sein.

23 L-Laut

Übung 1

Hören Sie zu Beginn einen kurzen Text.
Lesen Sie still mit und achten Sie auf die L-Laute!

Das kleine Krokodil

Am Nil lebte einst ein kleines Krokodil, das Lili hieß und sehr allein war. Keiner wollte Lili, keiner liebte Lili, – denn Lili war gelb. „Ich will so sein wie alle Krokodile“, schluchzte Lili verzweifelt. Der Maler Leo, der gerade den Himmel malte, wußte die Lösung: Einen vollen Eimer hellblauer Farbe verteilte er auf Lilis Rücken. – Und schon strahlte Lili in schönstem Hellgrün. Endlich!

Kerstin Reinke

[l] entsteht in einer Enge zwischen dem seitlichen Zungenrand und den Backenzähnen.
Achtung! Die Zunge darf nicht zu weit zurückgezogen werden, das deutsche L ist immer hell!

[l] — l — **L**ampe
[l] — ll — he**ll**

Übung 2

Welchen Familiennamen hören Sie?
Markieren Sie ihn bitte!

	<u>Frau Lehmann</u>	Frau Rehmann
1	Frau Lippert	Frau Rippert
2	Frau Lange	Frau Range
3	Frau Lohmann	Frau Rohmann
4	Frau Haller	Frau Harrer
5	Frau Kell	Frau Kerr
6	Frau Flick	Frau Frick
7	Frau Kloss	Frau Kross
8	Frau Block	Frau Brock

Lösung

Frau Rippert
Frau Lange
Frau Lohmann
Frau Harrer
Frau Kell
Frau Flick
Frau Kross
Frau Block

Übung 3

Sie hören ein Wort mit [r].
Finden Sie das passende Reimwort mit [l]! Vergleichen Sie mit der Lösung vom Band!

Rand → Land

1
2
3
4

Lösung

1 reiten → leiten
2 Rampe → Lampe
3 Rippe → Lippe
4 Kragen → klagen

5 Bretter → Blätter
6 Gras → Glas

Sprechen Sie die Wortpaare laut!

Übung 4

Sie hören Wünsche.
Sprechen Sie bitte nach!

1
2
3
4
5
6

Was wir wollen:
Schnell laufen, viel lachen.
Viel Geld, freundliche Leute.
Ein lustiges Leben.
Viele Blumen, Apfelbäume.
Am Fluß liegen, glücklich sein.

Ein Leben ohne Liebe
ist eine Glocke ohne Hammer.

Übung 5

Telefongespräch

Sie hören emotional gesprochene Äußerungen.
Wiederholen Sie bitte!

1
2
3
4
5
6
7
8

Was ist los?
Das Telefon klingelt.
Hallo, Elke! Was willst du?
Seid mal still!
Zu leise! Bitte lauter!
Ja, wiederhole noch mal!
Ich soll helfen?
Gut, ich komme gleich.

Also: so ein Telefon
ist schon eine Sache
Oben liefert es den Ton.
Unten lieferst du die Sprache...

Jürgen Rennert

Übung 6

Bilden Sie zu folgenden Substantiven Adjektive auf *-lich*!

Glück → glücklich

1 Bild
2 Liebe
3 Land
4 Inhalt
5 Oberfläche
6 Länge

Lösung

bildlich
lieblich
ländlich
inhaltlich
oberflächlich
länglich

Übung 7

Reagieren Sie auf die folgenden Fragen wie im Muster!
Vergleichen Sie Ihre Äußerungen mit dem Band!

Ist Paul fleißig? → Fleißig? Nein, faul!

1 Läuft Lisa langsam?
2 Singst du das Lied leise?
3 Ist dein Kleid hell?
4 War Helmut pünktlich?
5 War der Saal voll?
6 Bist du glücklich?

Lösung

Langsam? Nein, schnell.
Leise? Nein, laut.
Hell? Nein, dunkel.
Pünktlich? Nein, unpünktlich.
Voll? Nein, leer.
Glücklich? Nein, unglücklich.

Ich bin Peter, du bist Paul.
Ich bin fleißig, du bist faul.

Kinderreim

Übung 8

An welchen Flüssen liegen diese Städte?
Bilden Sie Sätze und lesen Sie sie laut!

Dresden/Elbe → Dresden liegt an der Elbe.

1 Koblenz/Mosel
2 Halle/Saale
3 Ilmenau/Ilm
4 Havelberg/Havel
5 Limburg/Lahn
6 Hamburg/Elbe, Alster

Lösung

Koblenz liegt an der Mosel.
Halle liegt an der Saale.
Ilmenau liegt an der Ilm.
Havelberg liegt an der Havel.
Limburg liegt an der Lahn.
Hamburg liegt an der Elbe und an der Alster.

Übung 9

Wo muß man suchen?

Fragen und antworten Sie laut!

Milch und Fleisch / Kühlschrank → Milch und Fleisch? Im Kühlschrank.

1 Äpfel / Obstschale
2 Mehl und Salz / Schüssel
3 Kartoffeln / Keller
4 Zirkel und Lineal / Schultasche
5 Bluse, Kleid und Mantel / Kleiderschrank
6 den Schlüssel / Schloß

Lösung

Äpfel? In der Obstschale.
Mehl und Salz? In der Schüssel.
Kartoffeln? Im Keller.
Zirkel und Lineal? In der Schultasche.
Bluse, Kleid und Mantel? Im Kleiderschrank.
Den Schlüssel? Im Schloß.

Salz würzt das Schmalz.

Übung 10

Sie hören einen kurzen Text über Till Eulenspiegel. Ergänzen Sie die fehlenden Buchstaben!

Ti... Eu...enspiege... ist der He...d eines deutschen Vo...ksbuches. Die ä...teste Ausgabe dieser Samm...ung erschien im Jahre 1515. Ti... so... im 14. Jahrhundert wirk...ich ge...ebt haben. Er war vo...er Witz und ...ebensk...ugheit. Seine ...ustigen Abenteuer, die vom A...tag des Vo...kes erzäh...en, sind bis heute ...ebendig geb...ieben.

Lösung

Till Eulenspiegel ist der Held eines deutschen Volksbuches. Die älteste Ausgabe dieser Sammlung erschien im Jahre 1515. Till soll im 14. Jahrhundert wirklich gelebt haben. Er war voller Witz und Lebensklugheit. Seine lustigen Abenteuer, die vom Alltag des Volkes erzählen, sind bis heute lebendig geblieben.

Übung 11

Beschreiben Sie, wie man einen Pudding kocht! Verwenden Sie die angegebenen Wortgruppen!

Zutaten:
- ein halber Liter Milch
- ein Beutel Puddingpulver
- zwei Eßlöffel Zucker
- etwas Salz

Zubereitung:

- 6 Eßlöffel Milch in ein Glas geben,
- Puddingpulver, zwei Eßlöffel Zucker und Salz anrühren,
- restliche Milch kochen,
- angerührtes Puddingpulver in die kochende Milch gießen,
- aufkochen lassen,
- Pudding in kalt ausgespülte Schälchen füllen,
- kalt servieren.

Sprechen Sie Ihre Kochanweisung auf Band!

Übung 12

Sie hören zum Abschluß ein Gedicht von Christian Morgenstern.
Lesen Sie erst still mit, sprechen Sie es dann laut!

Der Rabe Ralf

Der Rabe Ralf
will will hu hu
dem niemand half
still still du du
half sich allein
am Rabenstein
will will still still
hu hu

Die Nebelfrau
will will hu hu
nimmt's nicht genau
still still du du
sie sagt nimm nimm
's ist nicht so schlimm
will will still still
hu hu

Doch als ein Jahr
will will hu hu
vergangen war
still still du du
da lag im Rot
der Rabe tot
will will still still
du du

24 Hauchlaut [h] und Vokalneueinsatz

Übung 1

Sie hören zu Beginn ein Gespräch.
Lesen Sie still mit und achten Sie auf die markierten Stellen!

A: Hier ist Ihr Heft, Herr Eckert.
B: Mein Heft? Nein, das gehört mir nicht.
A: Aber hier steht doch Ihr Name, Gerhard Eckert.
B: Ja, aber ich heiße Heckert, Gerhard Heckert.
A: Ach so, dann habe ich mich wohl verhört.

[h] wird durch ein schwaches Hauchgeräusch im Kehlkopf gebildet, es kommt nur am Wort- und Silbenanfang vor;
h nach einem Vokal wird nicht gesprochen, es bedeutet, daß der Vokal lang ist, z. B. in *Zahn, sehen*

[h] ——— h ——— **H**ut

Vokale und Diphthonge im Wort- und Silbenanfang werden nicht mit der vorangehenden Silbe bzw. dem vorangehenden Wort verbunden: *viel/enger* (im Vergleich dazu *viel länger*), es kommt zum Vokalneueinsatz, d. h. zum Neubeginn der Stimmgebung;
bei starker Akzentuierung des Vokals entsteht im Kehlkopf der Knacklaut ([ʔ])

[ʔ] ——————— **er**arbeiten

Übung 2

Welches Beispiel hören Sie?
Unterstreichen Sie es bitte!

			Lösung
	und	Hund	
1	in	hin	hin
2	alt	halt	alt
3	Art	hart	hart
4	eilen	heilen	heilen
5	Ende	Hände	Ende
6	an der Ecke	an der Hecke	an der Ecke
7	die Elfte	Hälfte	die Hälfte
8	das ist Eis	das ist heiß	das ist heiß

Sie hören jetzt die Wortpaare vollständig.
Sprechen Sie bitte nach!

Übung 3

Sie hören Wortgruppen.
Sprechen Sie nach!

1	Hans und Helga
2	hier und heute
3	hin und her
4	Haus und Hof
5	von Hand zu Hand
6	Hochzeit im Herbst
7	in einem hübschen Hotel
8	eine Hilfe im Haushalt

Übung 4

Unterscheiden Sie den Hauchlaut [h] von den Reibelauten [ç] und [x]!
Sprechen Sie bitte nach!

1 sieh her! – sicher
2 bisher – ein bißchen
3 hier – China
4 heben – Chemiker
5 woher – Woche
6 Johann – Jochen

Übung 5

Bilden Sie zu den Adjektiven Substantive mit *-heit*!

frei → die Freiheit

1 wahr
2 krank
3 gesund
4 sicher
5 vergangen
6 gewöhnlich

Welche Wörter mit *-heit* kennen Sie noch?

Lösung

die Wahrheit
die Krankheit
die Gesundheit
die Sicherheit
die Vergangenheit
die Gewohnheit

Übung 6

Bilden Sie die Steigerungsformen!

hoch → höher – am höchsten

1 hell
2 heiß
3 höflich
4 herzlich
5 häufig
6 hungrig

Lösung

heller – am hellsten
heißer – am heißesten
höflicher – am höflichsten
herzlicher – am herzlichsten
häufiger – am häufigsten
hungriger – am hungrigsten

Übung 7

Bilden Sie zu den angegebenen Verben den Imperativ im Singular und sprechen Sie recht energisch!

herkommen → Komm her!

1 hersehen

Lösung

Sieh her!

2 herhören	Hör her!
3 hinlaufen	Lauf hin!
4 hierbleiben	Bleib hier!
5 anhalten	Halt an!
6 aufhören	Hör auf!

Übung 8 (1. Teil)

Haltestellen der Straßenbahn

Bitte sprechen Sie!

1	Heinrich-Heine-Platz
2	Holzhäuserstraße
3	Hölderlinplatz
4	Beethovenhain
5	Hermann-Hesse-Weg
6	Hauptbahnhof

Übung 8 (2. Teil)

Jetzt hören Sie Fragen.
Reagieren Sie mit den Namen der Haltestellen aus dem 1. Teil!

Wohin wollen Sie? → Zur Handelshochschule.

	Lösung
1 Wie heißt die nächste Haltestelle?	Heinrich-Heine-Platz.
2 Wie weit fahren Sie?	Bis zur Holzhäuserstraße.
3 Wo sind wir jetzt?	Am Hölderlinplatz.
4 Wo steigen Sie aus?	Am Beethovenhain.
5 Welche Haltestelle ist dies?	Hermann-Hesse-Weg.
6 Wo sind Sie eingestiegen?	Am Hauptbahnhof.

Rätsel
Es hat einen Einstieg und zwei Ausgänge, und wenn die Füße draußen sind, ist man drin.

Die Hose

Übung 9 (1. Teil)

Wir üben den Neueinsatz der Vokale im Anlaut.
Welches Wort hören Sie? Unterstreichen Sie es!

		Lösung
Bettdecke	<u>Bettecke</u>	
1 verreisen	vereisen	vereisen
2 Essig	eß ich	Essig

3 im Mai	im Ei	im Mai
4 beim Messen	beim Essen	beim Essen
5 viel länger	viel enger	viel enger
6 Schwarzwaldtour	Schwarzwalduhr	Schwarzwalduhr

Übung 9 (2. Teil)

Sie hören jetzt die Beispielpaare vollständig.
Sprechen Sie bitte nach!

Übung 10 (1. Teil)

Wir üben den Neueinsatz nach Konsonant.
Sprechen Sie bitte nach!

1	gegenüber
2	nebenan
3	am Wochenende
4	ein Autobusausflug
5	bergauf und bergab
6	von Ulm bis Eisenach
7	im In- und Ausland
8	von Nordeuropa nach Südasien

Übung 10 (2. Teil)

Jetzt üben wir den Vokalneueinsatz nach Vokal.
Bitte sprechen Sie nach!

1	beachten
2	beantragen
3	sich beeilen
4	verändern
5	er oder ich
6	die einen und die anderen
7	zur Erinnerung
8	ein Winterurlaub am Ostseeufer

Übung 11

Bilden Sie zu folgenden Verben das Partizip wie im Muster!

ehren → geehrt

	Lösung
1 üben	geübt
2 öffnen	geöffnet

3 ordnen	geordnet
4 achten	geachtet
5 arbeiten	gearbeitet
6 antworten	geantwortet

Übung 12

Korrigieren Sie die Namen, indem Sie die Konsonanten am Anfang weglassen! Üben Sie zu zweit!

Wie heißt Ihre Freundin? Fräulein Nadler? →
Nein, Adler.

	Lösung
1 Wie heißt Ihre Kollegin? Fräulein Nortmann?	Nein, Ortmann.
2 Heißt Ihre Wirtin Fräulein Nickel?	Nein, Ickel.
3 Wie heißt Ihr Nachbar? Herr Rübel?	Nein, Übel.
4 Wie heißt Ihr Direktor? Herr Reider?	Nein, Eider.
5 Wie heißt die Kellnerin? Fräulein Neberle?	Nein, Eberle.
6 Heißt diese Verkäuferin Fräulein Naurich?	Nein, Aurich.

Übung 13

Wir üben Äußerungen mit Hauchlaut und Vokalanlaut.
Sprechen Sie bitte nach!

1 Was macht ihr hier?
2 Kommt ihr alle aus Halle?
3 Und wem gehört der Hund?
4 Holger holt Olga abends immer ab.
5 Sie hoffen, die Haustür ist noch offen.
6 Bis elf helfe ich Hilde immer im Haushalt.

Viele Hände machen der Arbeit schnell ein Ende.

Übung 14

Nach einem Unfall auf der Straße

Lesen Sie erst, hören Sie dann die Tonaufnahme und sprechen Sie bitte nach!

1 Hallo! Hierher! Hilfe! Helfen Sie uns!
2 Halten Sie an! Halten Sie doch endlich an!

3 Habt ihr euch verletzt! Ein Arzt muß her!
4 Das habe ich geahnt! Hättest du doch auf mich gehört!
5 Hier hilft nur abschleppen!
6 Aber hoffentlich heute abend noch!

Üben Sie die Ausrufe zu zweit im Wechsel!
Werden Sie dabei energischer und lauter!

Übung 15

Was liegt wo?

Reagieren Sie auf die folgenden Fragen mit Nachfrage und Antwort!

Liegt Aue im Erzgebirge oder im Harz → Aue? Im Erzgebirge.

1 Liegt Hamburg an der Elbe oder an der Aller?
2 Liegt Eisenach in Hessen oder in Thüringen?
3 Liegt Eisleben bei Halle oder bei Berlin?
4 Liegt Helgoland in der Ostsee oder in der Nordsee.
5 Liegt Heringsdorf auf der Insel Hiddensee oder auf der Insel Usedom?
6 Liegt Innsbruck in Deutschland oder in Österreich?

Lösung

Hamburg? An der Elbe.
Eisenach? In Thüringen.
Eisleben? Bei Halle.
Helgoland? In der Nordsee.

Heringsdorf? Auf der Insel Usedom.
Innsbruck? In Österreich.

Dreimal umgezogen ist wie einmal abgebrannt.

Übung 16

Sie hören einen Text über den Dichter Gerhart Hauptmann.
Ergänzen Sie die fehlenden Wörter!

Auf der .... besuchen viele .... die .... Gedenkstätte. Sie .... an einen hervorragenden Dramatiker und .... , der 1912 den Nobelpreis .... Zu den .... dieses .... die Dramen „Vor ....“, „Der ....“ und „Fuhrmann ....“.

Lösung

Insel Hiddensee
Urlauber auch, Gerhart-Hauptmann-, erinnert
Erzähler
erhielt, Hauptwerken
Autors, gehören
Sonnenaufgang, arme Heinrich, Henschel

Übung 17

Hören Sie zum Abschluß einen Zungenbrecher, ein Gedicht und ein Scherzlied. Lesen Sie mit und üben Sie dann laut!

Essig eß ich nicht; eß ich Essig, eß ich Essig nur mit Kopfsalat.

Die zwei Wurzeln

Zwei Tannenwurzeln groß und alt
unterhalten sich im Wald.

Was droben in den Wipfeln rauscht,
das wird hier unten ausgetauscht.

Ein altes Eichhorn sitzt dabei
und strickt wohl Strümpfe für die zwei.

Die eine sagt: Knig. Die andre sagt: Knag.
Das ist genug für einen Tag.

Christian Morgenstern

Mein Hut, der hat drei Ecken,
drei Ecken hat mein Hut;
und hätt' er nicht drei Ecken,
so wär' es nicht mein Hut.

Mein Hut, der hat drei Ecken ...

25 Explosiv-Frikativ-Verbindungen

Übung 1

Sie hören zu Beginn ein Gedicht von Fritz und Emilie Kögel, in dem [pf] besonders oft vorkommt. Lesen Sie still mit!

Der Bratapfel

Kinder, kommt und ratet,
was im Ofen bratet!
Hört, wie's knallt und zischt!
Bald wird er aufgetischt
der Zipfel, der Zapfel,
der Kipfel, der Kapfel,
der gelbrote Apfel.

Kinder, lauft schneller,
holt einen Teller!
Holt eine Gabel!
Sperrt auf den Schnabel
für den Zipfel, den Zapfel,
den Kipfel, den Kapfel,
den gelbroten Apfel.

Sie pusten und prusten,
sie gucken und schlucken,
sie schnalzen und schmecken,
sie lecken und schlecken
den Zipfel, den Zapfel,
den Kipfel, den Kapfel,
den knusprigen Apfel.

Die Konsonantenverbindungen [pf, ts, ks, kv] werden als Einheit artikuliert und deshalb zum Teil mit nur einem Buchstaben wiedergegeben:

[pf]	pf	**Pf**ennig
[ts]	z	**Z**ahl
	tz	Pla**tz**
	ts	rech**ts**
	-tion	Lek**tion**
[ks]	x	Te**x**t
	ks	lin**ks**
	gs	du sa**gs**t
	chs	wa**chs**en
[kv]	qu	**Qu**adrat

Übung 2

Und nun einige Phantasiewörter.
Welches hören Sie? Unterstreichen Sie es bitte!

Kapf	Kaff
1 Depf	Deff
2 Gipf	Giff
3 Hopf	Hoff
4 Mupf	Muff
5 Nüpf	Nüff
6 Töpf	Töff

Lösung

Depf
Gipf
Hoff
Mupf
Nüff
Töpf

Übung 3

Sie hören Wörter und Wortgruppen mit [pf]. Sprechen Sie bitte nach!

1 der Kopf, der Topf, der Knopf
2 der Apfel, der Gipfel
3 der Tropfen, ein kluger Kopf
4 ein neuer Topf, ein großer Knopf
5 ein roter Apfel, ein hoher Gipfel
6 ein kleiner Tropfen, klopfen, bitte anklopfen

Lesen Sie die Beispiele laut!

Übung 4

Bilden Sie zu folgenden Substantiven die Pluralform!

der Apfel → die Äpfel

1 der Gipfel
2 der Tropfen
3 der Kopf
4 der Knopf
5 der Kampf
6 der Strumpf

Lösung

die Gipfel
die Tropfen
die Köpfe
die Knöpfe
die Kämpfe
die Strümpfe

Der Apfel fällt nicht weit vom Stamm.

Übung 5

Sie hören jetzt zwei Zungenbrecher mit [ts]! Lesen Sie zunächst mit und sprechen Sie dann nach!

Zwischen zwei Zweigen saßen zwei zwitschernde Zeisige.

Wenn die Katze aus dem Haus ist, tanzen die Mäuse.

Übung 6

Welches Wort hören Sie?
Bitte unterstreichen Sie es!

Kasse — <u>Katze</u>

1	Spaß	Spatz
2	Kurs	kurz
3	Reis	Reiz
4	Schuß	Schutz
5	Zeiß	Zeitz
6	reißen	reizen
7	müssen	Mützen
8	verläßt	verletzt

Lösung

Spaß
kurz
Reis
Schutz
Zeiß
reizen
müssen
verläßt

Übung 7

Sie hören einen Text über den Dresdner Zwinger.
Ergänzen Sie die fehlenden Wörter und Zahlen!

Von .... bis .... war Dresden die Residenz der .... Fürsten und Könige. Das .... Bauwerk der Stadt ist der ...., ein .... Barockschloß mit einem großen .... für die Spiele und .... im Freien. In einer .... Nacht des .... Weltkrieges, am ...... Februar ...., wurde ganz Dresden und auch der Zwinger .... Die Rekonstruktion des .... dauerte bis ....

Lesen Sie den Text vor, und nehmen Sie ihn auf Tonband auf!
Vergleichen Sie die Fassungen!

Lösung

1485, 1918
sächsischen
berühmteste, Zwinger
glanzvolles
Festplatz, Konzerte
einzigen, zweiten
13., 1945
zerstört
Zwingers, 1964

Übung 8

Anfangsbuchstabe *Z*

Was ist das? Antworten Sie!

Zerbst → Zerbst ist eine Stadt.

1 Zypern
2 Zacharias
3 Zirkusdirektor
4 ein Zebra
5 eine Zeder

Lösung

Zypern ist ein Land.
Zacharias ist ein Name.
Zirkusdirektor ist ein Beruf.
Ein Zebra ist ein Tier.
Eine Zeder ist ein Baum.

6 Zucker
7 Zinn
8 zwischen

Suchen Sie noch andere Länder, Namen, Berufe, Tiere, Bäume, Nahrungsmittel, Metalle usw. mit *z*.

Zucker ist ein Nahrungsmittel.
Zinn ist ein Metall.
„Zwischen" ist eine Präposition.

Übung 9

Hören Sie die Verbindung [ks] in einem Sprachscherz aus dem Holperstolperschnatterbuch.

X-Jux

In der Box steht ein Ochs.
Kommt der Fox, beißt den Ochs.
Kommt der Max, boxt den Fox,
kommt ein Dachs und beißt Max.
Kommt ein Luchs, so ein Jux,
beißt den Dachs, und der Dachs
beißt den Max, und der Max
boxt den Fox, und der Fox
beißt den Ochs in der Box.

Viktoria Ruika-Franz

Übung 10

Welches Wort hören Sie?
Bitte unterstreichen Sie es!

Tassen	Taxen
1 wissen	wichsen
2 Hessen	Hexen
3 das	Dachs
4 Test	Text
5 West	wächst
6 alles	Alex
7 fliehst	fliegst
8 Fuß	Fuchs

Lösung

wichsen
Hexen
das
Test
wächst
alles
fliegst
Fuchs

Übung 11

Frauenkulturzentrum Lea
Programm: Kursangebote

mo	Volkstanz, Rhetorik
di	Theatergruppe, Selbstverteidigung

mi Computer, Trommelgruppe
do Yoga, Malen
fr Gymnastik, Englisch
sa Keramikwerkstatt
so Keramikwerkstatt

Schauen Sie ins Programm und antworten Sie!

Wann ist Rhetorik? → Rhetorik ist montags.

1 Wann ist Gymnastik?
2 Und Volkstanz?
3 Wann wird Theater gespielt?
4 Wann ist Yoga?
5 Und Selbstverteidigung?

6 Und wann wird gemalt?
7 Wann ist die Keramikwerkstatt?

Lösung

Gymnastik ist freitags.
Volkstanz ist montags.
Theater ist dienstags.
Yoga ist donnerstags.
Selbstverteididung ist dienstags.
Malen ist donnerstags.
Keramikwerkstatt ist samstags (sonnabends) und sonntags.

Übung 12

Immer das Gegenteil

Reagieren Sie!

Du sagst ja. → Du sagst nein.

1 Du trägst schwarz.
2 Du magst ihn.
3 Du fragst immer.
4 Du steigst ein.
5 Du wiegst wenig.
6 Du redest.

Lösung

Du trägst weiß.
Du magst ihn nicht.
Du fragst nie.
Du steigst aus.
Du wiegst viel.
Du schweigst.

Faxen Sie uns fix ein Fax!
Wenn Sie uns Anzeigenaufträge faxen wollen,
geht das ganz fix.
Leipzig 21 81-5 44

Übung 13

Lesen Sie jetzt ein Sprichwort mit [kv].
Sprechen Sie es dann!

Getretner Quark
wird breit,
nicht stark.

Übung 14

Namen, die mit *Qu* beginnen, sind recht selten. Hören Sie zu und lesen Sie still mit! Sprechen Sie dann bitte nach!

Familie Quas aus Quedlinburg,
Herr Querner aus Quellendorf,
Frau Quitt aus Querfurt,
Fräulein Quendolin aus Queidersbach.

Kennen Sie weitere Namen mit *Qu*? Notieren Sie sie!

Übung 15

Lautmalereien

Hören Sie erst zu und sprechen Sie dann nach!

1 quaken
2 quasseln
3 quarren
4 quengeln
5 quiecken
6 quietschen

Wer oder was macht solche Laute? Bilden Sie Sätze und vergleichen Sie sie mit dem Lösungsvorschlag!
Sprechen Sie die Sätze laut!

Lösungsvorschlag

Die Frösche quaken.
Der Redner quasselt.
Die Enten quarren.
Das Kind quengelt.
Das Schwein quieckt.
Die Reifen quietschen.

Übung 16

Bilden Sie aus folgenden Substantiven Komposita mit dem Bestimmungswort *Quer-*!

der Kopf → der Querkopf

1 die Straße
2 der Schnitt
3 der Streifen
4 die Summe
5 die Verbindung
6 der Strich
7 der Weg
8 die Pfeife

Kennen Sie noch andere Wörter mit *quer*?

Lösung

die Querstraße
der Querschnitt
der Querstreifen
die Quersumme
die Querverbindung
der Querstrich
der Querweg
die Querpfeife

Übung 17

Hören Sie zum Abschluß noch einen Ausschnitt aus Goethes Faust (Teil I, Szene Hexenküche)!

Das Hexen-Einmaleins

Du mußt verstehn!
Aus Eins mach Zehn,
Und Zwei laß gehn,
Und Drei mach gleich,
So bist du reich.
Verlier die Vier!
Aus Fünf und Sechs –
So sagt die Hex –
Mach Sieben und Acht,
So ist's vollbracht:
Und Neun ist Eins,
Und Zehn ist keins,
Das ist das Hexen-Einmaleins!

Hören Sie den Text noch einmal und lesen Sie ihn halblaut synchron mit! Sprechen Sie ihn dann selbst!

26 Konsonantenhäufungen

Übung 1

Sie hören zu Beginn ein Gedicht von Franz Fühmann.
Lesen Sie still mit!

In dem Zwergberg
sitzt der Bergzwerg,
und er sehnt sich jedes Jahr
nach dem Strandsand
fern am Sandstrand,
wo er mal auf Urlaub war.

Im Deutschen können innerhalb der Silbe bis zu fünf (z.B. in *schimpfst*), an Wort- und Silbengrenzen bis zu acht Konsonanten aufeinanderfolgen; alle Konsonanten dieser Verbindungen müssen gesprochen werden, keiner darf wegfallen, und es dürfen keine Vokale dazwischengeschoben, vorangestellt oder angehängt werden.

Übung 2

Welches Wort hören Sie?
Unterstreichen Sie es bitte!

	(du) lebst	(er) <u>lebt</u>
1	schreibst	schreibt
2	sprichst	spricht
3	kaufst	kauft
4	hilfst	hilft
5	lernst	lernt
6	trinkst	trinkt
7	folgst	folgt
8	kämpfst	kämpft

Lösung

schreibst
sprichst
kauft
hilfst
lernt
trinkst
folgt
kämpfst

Übung 3

Welches der drei Wörter hören Sie nicht? Unterstreichen Sie es bitte!

	Eis	<u>eins</u>	einst
1	ehrt	erst	ernst
2	schreist	schreibt	schreibst
3	fällt	Fels	fällst
4	reicht	reist	reichst
5	herb	Herz	Herbst
6	Mars	Mark	Marx
7	kauft	kaust	kaufst
8	warst	warnt	warnst

Lösung

ernst
schreist
Fels
reicht
Herz
Marx
kaust
warnt

Übung 4

Sie hören Ortsnamen.
Ergänzen Sie die fehlenden Buchstaben!

Po...am → Potsdam

1 A...oda
2 Wa...adt
3 Mö...orf
4 I...ingen
5 Wo...ein
6 Schwa...ach
7 ...alsund
8 Lindho...

Ergänzen Sie nun eine der Präpositionen *in, nach, aus, von* und bilden Sie kleine Sätze:

in Potsdam → Ich wohne in Potsdam.
oder:
nach Potsdam → Ich fahre nach Potsdam.

Sprechen Sie diese Sätze erst langsam, dann immer schneller.

Der Potsdamer Postkutscher putzt den Potsdamer Postkutschkasten.

Übung 5

Beim Arzt

Sie hören Wortgruppen!
Lesen Sie still mit!

1 in der Sprechstunde
2 starke Kopfschmerzen
3 oft starkes Herzstechen
4 dreimal täglich Herztropfen
5 immer noch Zahnschmerzen
6 bitte Schmerztabletten

Sie hören die Beispiele noch einmal. Transkribieren Sie bitte die markierten Teile!

Lösung

Abtsroda
Waldstadt
Mönchsdorf
Inzlingen
Wolfstein
Schwarzbach
Stralsund
Lindhorst

Arzt → [rtst]

1 Spre**chst**unde [ ]
2 Ko**pfschm**erzen [ ]
3 He**rzst**echen [ ]
4 He**rztr**opfen [ ]
5 Zah**nschm**erzen [ ]
6 Schme**rzt**abletten [ ]

Lösung

[çʃt]
[pfʃm]
[rtsʃt]
[rtstr]
[nʃm]
[rtst]

Die Zeit ist der beste Arzt.

Übung 6

Sie hören Wortpaare.
Sprechen Sie bitte nach!

1 singen und springen
2 legen und pflegen
3 Licht und Pflicht
4 weg und Zweck
5 war und zwar
6 Rom und Strom

Erst spring, dann sing!

Übung 7

Bilden Sie bitte die Ordnungszahl!
Lesen Sie beide Zahlen laut!

11 → der elfte

1 5
2 6
3 12
4 18
5 22
6 66
7 78
8 82

Lösung

der fünfte
der sechste
der zwölfte
der achtzehnte
der zweiundzwanzigste
der sechsundsechzigste
der achtundsiebzigste
der zweiundachtzigste

Verwenden Sie die Ordnungszahlen in Wortgruppen mit *Text, Vorstellung* und *Lebensjahr,* z. B. *der 11. Text, die 18. Vorstellung, das 82. Lebensjahr.*

Übung 8

Bilden Sie zu folgenden Verbformen die 2 und 3. Person Singular nach dem Muster! Sprechen Sie sie laut und vergleichen Sie sie mit dem Band!

ich schreibe → du schreibst, er schreibt

1 ich singe
2 ich trinke
3 ich spreche
4 ich lerne
5 ich kämpfe
6 ich schimpfe

Lösung

du singst, er singt
du trinkst, er trinkt
du sprichst, er spricht
du lernst, er lernt
du kämpfst, er kämpft
du schimpfst, er schimpft

Übung 9

Bilden Sie aus folgenden Substantiven Komposita und sprechen Sie sie laut!

Zuerst mit dem Wort *Geburtstag*!

Gäste → die Geburtstagsgäste

1 Karte
2 Feier
3 Kuchen
4 Blumen
5 Geschenk

Lösung

die Geburtstagskarte
die Geburtstagsfeier
der Geburtstagskuchen
die Geburtstagsblumen
das Geburtstagsgeschenk

Jetzt mit dem Wort *Herbst*!

1 Wetter
2 Ferien
3 Spaziergang
4 Blumen
5 Sturm

Lösung

das Herbstwetter
die Herbstferien
der Herbstspaziergang
die Herbstblumen
der Herbststurm

Und zuletzt mit dem Wort *Text*!

1 Fach
2 Lernen
3 Übung
4 Lektion
5 Original

Lösung

der Fachtext
der Lerntext
der Übungstext
der Lektionstext
der Originaltext

Verwenden Sie die Komposita in Sätzen, sprechen Sie sie erst langsam, dann schneller! Achten Sie auf die Akzentuierung der Komposita!

Übung 10

Bilden Sie zu folgenden Wortgruppen den Superlativ! Sie hören die Lösung vom Band!

ein hohes Ziel → das höchste Ziel

1 ein wichtiges Gespräch
2 eine schwierige Entscheidung
3 eine günstige Gelegenheit
4 eine nützliche Beschäftigung
5 herzliche Grüße
6 ein schönes Geburtstagsgeschenk

Lösung

das wichtigste Gespräch
die schwierigste Entscheidung
die günstigste Gelegenheit
die nützlichste Beschäftigung
herzlichste Grüße
das schönste Geburtstagsgeschenk

Übung 11

Sie hören erregte Äußerungen.
Lesen Sie still mit!

1 Jetzt hörst du mir mal zu. Was denkst du dir eigentlich?
2 Du hast nichts verstanden. Überhaupt nichts.
3 Jetzt ist Schluß. So geht es nicht weiter!

Sprechen Sie die Beispiele ebenso erregt nach!

Übung 12

Sprechen Sie die folgenden Äußerungen sehr freundlich!

1 Schließ bitte die Tür!
2 Setz dich doch!
3 Du bleibst noch, ja?
4 Trinkst du einen Kaffee?
5 Lies Franks Brief!
6 Schreibst du ihm mal?

Übung 13

Sie hören Vorwürfe.
Reagieren Sie ebenfalls vorwurfsvoll! Vergleichen Sie Ihre Äußerungen mit dem Band!

Du sprichst zuviel. → Und du sprichst zuwenig.

1 Du schläfst zuviel.
2 Du lachst zuwenig.

Lösung

Und du schläfst zuwenig.
Und du lachst zuviel.

3 Du kochst zuviel.
4 Du übst zuwenig.
5 Du lernst zuwenig.
6 Du schreibst zuviel.

Und du kochst zuwenig.
Und du übst zuviel.
Und du lernst zuviel.
Und du schreibst zuwenig.

Übung 14

Wer wohnt wo?
Hören Sie zu und schreiben Sie die Adressen auf!

Müller: .... → Marktplatz 2

1 Schmidt: ....
2 Schulze: ....
3 Speck: ....
4 Pilz: ....
5 Bartsch: ....
6 Kraatzsch: ....

Lesen Sie die Namen und Adressen laut! Üben Sie zu zweit, fragen und antworten Sie!

Lösung

Parkstraße 99
Poststraße 35
Salzstraße 63
Lorenzplatz 28
Hauptweg 16
Reichsstraße 42

Übung 15

Sie hören einen Text über Schleswig-Holstein.
Ergänzen Sie die fehlenden Wörter!

Schleswig-Holstein befindet sich im .... Deutschlands, seine Hauptstadt ist Kiel. Auf .... Quadratkilometern wohnen rund 2 1/2 Millionen Menschen. Damit liegt die .... unter dem .... anderer deutscher Länder. Viele .... und Touristen reisen in die für Norddeutschland typische .... Sie besuchen die .... Inseln, die Buchten der .... oder die Holsteinische ....

Lösung

Nordwesten
5678

Bevölkerungsdichte
Durchschnitt
Erholungssuchende

Landschaft
Nordfriesischen
Ostsee, Schweiz

Übung 16

Sie wollen feiern und geben Ihren Freunden Aufgaben. Verwenden Sie die folgenden Angaben!

Horst:	Getränke holen
Kerstin:	Tisch decken
Petra:	Brot, Wurst und Käse schneiden
Jens:	Wein in den Kühlschrank stellen

Hans-Jürgen:	die chinesische Gemüsesuppe und den russischen Borschtsch warm machen
Karsten:	Tee und Kaffee kochen, Zucker aus Schrank
Hanka:	(als Musikstudentin) Musik aussuchen und den Nachbarn sagen, daß es vielleicht laut wird

Übung 17

Sie hören zum Abschluß zwei Gedichte.
Hören Sie erst nur, lesen Sie dann laut mit!

Pfingsten
sind die Geschenke am geringsten,
Während Geburtstag, Ostern
und Weihnachten
etwas einbrachten.

Bertolt Brecht

In der Kuchenfabrik

Im Streuselkuchen ist Streusel,
im Pflaumenkuchen sind Pflaum',
im Marzipankuchen ist Marzipan,
im Baumkuchen ist ein Baum.

Im Kirschkuchen sind Kirschen,
im Obstkuchen ist Obst,
im Reibekuchen eine Küchenreibe,
ich hoffe, daß du ihn lobst.

Franz Fühmann

27 Stimmlosigkeitsassimilation

Übung 1

Sie hören zu Beginn zwei kurze Dialoge. Lesen Sie mit und achten Sie dabei auf die markierten Stellen!

Eine wütende Mutter

A: Deine Lehrerin sagt, daß du im Deutschunterricht schläfst. Ist das wahr?
B: Ja, aber sie hat doch selbst gesagt, daß sie Deutsch im Schlaf gelernt hat.

Ein trauriges Buch

A: Du bist so traurig, Hans-Dieter?
B: Ich hab gerade ein trauriges Buch gelesen.
A: Welches denn?
B: Mein Sparbuch.

Stimmlosigkeitsassimilation = besondere Erscheinung im Deutschen an der Wort- und Silbengrenze, Konsonanten mit kräftigem Geräusch (Fortiskonsonanten) übertragen ihre Stimmlosigkeit und zum Teil ihre Geräuschstärke auf nachfolgende Konsonanten mit schwachem Geräusch (Leniskonsonanten)

Übung 2

Hören Sie genau zu!
Ist der unterstrichene Lenis-Konsonant stimmhaft oder stimmlos ? Markieren Sie!

	stimmhaft	stimmlos
Eisbären		×
1 Himbeeren		
2 Erdbeeren		
3 Gemüsegarten		
4 Obstgarten		
5 Milchglas		
6 Fischsuppe		
7 Hausdach		
8 Turmdach		

Lösung

stimmhaft	stimmlos
×	
	×
×	
	×
	×
	×
	×
×	

Übung 3

Sprechen Sie die folgenden Äußerungen nach!
Achten Sie auf die markierten Stellen!

1 Bitte aufmachen!
2 Hallo, nicht weglaufen!

3 Laß mich ausreden!
4 Nicht ablesen!
5 Eine Ausnahme.
6 Den Vortrag ausarbeiten.
7 Die Zeit ausnutzen.
8 Endlich ausruhen.

Übung 4

Von zwei Verben ist nur eins richtig.
Entscheiden Sie, welches Verb paßt und lesen Sie die Wortgruppen laut!

die Mütze aufsetzen/aussetzen → die Mütze aufsetzen

1 den Koffer aufsetzen/absetzen
2 das Gedicht aufsagen/absagen
3 den Schuh aufbinden/abbinden
4 gemeinsam aufgehen/ausgehen
5 wir kommen auf Berlin/aus Berlin
6 sie rufen nach dir/aus dir

Verwenden Sie die Wortgruppen jetzt in Sätzen!

Lösung

absetzen
aufsagen
aufbinden
ausgehen
aus Berlin
nach dir

Wie du aussiehst, so wirst du angesehen.

Carl Zuckmayer

Übung 5

Bilden Sie aus folgenden Substantiven Komposita mit dem Grundwort *Buch*!
Sprechen Sie die Beispiele laut und achten Sie auch auf den Wortakzent!

das Fach → das Fachbuch

1 die Mathematik
2 der Kurs
3 die Notiz
4 die Übung
5 backen
6 kochen

Bilden Sie mit den Komposita kleine Sätze, lesen Sie sie laut!

Lösung

das Mathematikbuch
das Kursbuch
das Notizbuch
das Übungsbuch
das Backbuch
das Kochbuch

Übung 6

Bilden Sie zusammengesetzte Verben mit *gehen*!
Sprechen Sie sie laut und achten Sie auf den Wortakzent!

mit → mitgehen

1 aus
2 nach
3 durch
4 fort
5 hinauf
6 vorwärts

Verwenden Sie die Verben in Sätzen!

Lösung

ausgehen
nachgehen
durchgehen
fortgehen
hinaufgehen
vorwärtsgehen

Übung 7

Bilden Sie aus folgenden Personenbezeichnungen Substantive auf *-ismus* und sprechen Sie sie laut!

der Optimist → der Optimismus

1 der Idealist
2 der Humanist
3 der Materialist
4 der Realist
5 der Journalist
6 der Pessimist

Lösung

der Idealismus
der Humanismus
der Materialismus
der Realismus
der Journalismus
der Pessimismus

Pessimist: Schlimmer kann es nicht mehr werden!
Optimist: Doch! Ganz bestimmt!

Übung 8

Sie hören Städtenamen.
Ergänzen Sie und lesen sie die Namen laut!

..........burg → Wolfsburg

1 ....burg
2 ....burg
3 Bad ....
4 Bad ....
5 Bad ....
6 Bad ....

Lösung

Duisburg
Königsburg
Bad Berka
Bad Salzungen
Bad Segeberg
Bad Wildungen

Übung 9

Sie hören Wendungen.
Sprechen Sie bitte nach!

1
2
3
4
5
6

schön und gut
hier und dort
hin und her
durch dick und dünn
Samt und Seide
Pfeil und Bogen

Glück und Glas, wie leicht bricht das!

Übung 10

Sie hören die Redewendungen jetzt in anderer Reihenfolge.
Ergänzen Sie die fehlenden Wörter und hören Sie dann die Lösung vom Tonband!

schön und .... → schön und gut

1 hin und ......
2 durch dick und ....
3 Samt und ....
4 Pfeil und ....
5 schön und ......
6 hier und ....

Lösung

her
dünn
Seide
Bogen
gut
dort

Übung 11

Ergänzen Sie die Verben durch *an-* und *aus-*!
Bilden Sie den Infinitiv und das Perfektpartizip!
Sprechen Sie alle Formen nacheinander laut!

gehen → angehen, angegangen; ausgehen, ausgegangen

1 bauen

2 geben

3 bleiben

Lösung

anbauen, angebaut
ausbauen,ausgebaut
angeben, angegeben
ausgeben, ausgegeben
anbleiben, angeblieben
ausbleiben, ausgeblieben

4 brennen

5 sagen

6 sehen

Verwenden Sie die Verbformen jetzt in Sätzen!

anbrennen, angebrannt
ausbrennen, ausgebrannt
ansagen, angesagt
aussagen, ausgesagt
ansehen, angesehen
aussehen, ausgesehen

Übung 12

Bilden Sie zu folgenden Aufforderungen verärgerte Fragen!
Vergleichen Sie dann Ihre Lösung mit dem Band!

Nimm das Buch weg! → Hast du endlich das Buch weggenommen?

1 Bestelle die Zeitungen ab!

2 Sortiere die Bücher aus!

3 Bring das Papier weg!

4 Gib das Heft zurück!

5 Leg den Atlas zurück!

6 Wisch das Regal ab!

Lösung

Hast du endlich die Zeitungen abbestellt?
Hast du endlich die Bücher aussortiert?
Hast du endlich das Papier weggebracht?
Hast du endlich das Heft zurückgegeben?
Hast du endlich den Atlas zurückgelegt?
Hast du endlich das Regal abgewischt?

Übung 13

Der zerrissene Einkaufszettel

Ordnen Sie alles richtig zu!

1 kg Erd – würste → 1 kg Erdbeeren
3 Knack – beeren → 3 Knackwürste

1 6 Bock	salbe
2 10 Eis	würste
3 1 Flasche Weiß	waren
4 1 Flasche Frucht	tücher
5 1 Haut	wein
6 1 Fisch	waffeln
7 3 Hand	suppe
8 Back	saft

Lesen Sie Ihren geordneten Einkaufszettel laut vor!

Lösung

6 Bockwürste
10 Eiswaffeln
1 Flasche Weißwein
1 Flasche Fruchtsaft
1 Hautsalbe
1 Fischsuppe
3 Handtücher
Backwaren

Übung 14

Fragen Sie, was Ihr Freund an seinem Reiseziel besichtigen will. Vergleichen Sie Ihre Äußerungen mit der Tonaufnahme!

Ich fahre nach Berlin. (Brandenburger Tor) → Nach Berlin? Du willst wohl das Brandenburger Tor besichtigen?

1 Ich fahre nach Dessau. (Bauhaus)

2 Ich fahre nach Goslar. (Kaiserpfalz)

3 Ich fahre nach Suhl. (Waffenmuseum)

4 Ich fahre nach Hamburg. (Fischmarkt)

5 Ich fahre nach Warnemünde. (Alter Hafen)

6 Ich fahre nach Weimar. (Goethehaus)

Lösung

Nach Dessau? Du willst wohl das Bauhaus besichtigen?
Nach Goslar? Du willst wohl die Kaiserpfalz besichtigen?
Nach Suhl? Du willst wohl das Waffenmuseum besichtigen?
Nach Hamburg? Du willst wohl den Fischmarkt besichtigen?
Nach Warnemünde? Du willst wohl den Alten Hafen besichtigen?
Nach Weimar? Du willst wohl das Goethehaus besichtigen?

Übung 15

Antworten Sie auf folgende Fragen! Vergleichen Sie sie mit der Antwort vom Band!

Wer macht mit? Hanne auch? → Ja, auch Hanne macht mit.

1 Wer kommt mit? Helga auch?
2 Wer spielt mit? Hans auch?
3 Wer singt mit? Heiko auch?
4 Wer läuft mit? Heike auch?
5 Wer wandert mit? Heidrun auch?

6 Wer tanzt mit? Harald auch?

Lösung

Ja, auch Helga kommt mit.
Ja, auch Hans spielt mit.
Ja, auch Heiko singt mit.
Ja, auch Heike läuft mit.
Ja, auch Heidrun wandert mit.
Ja, auch Harald tanzt mit.

Mitgegangen, mitgefangen.

Übung 16

Er/sie lebt auf großem Fuße.

Kennen Sie solche Leute? Beschreiben Sie jemanden, auf den diese Redensart paßt.
Benutzen Sie das Wortgeländer und ergänzen Sie es!

- viel Geld ausgeben
- schick aussehen
- täglich ausgehen
- sich ein großes Haus bauen lassen
- jedes Jahr in den Urlaub fahren
- teures Geschirr kaufen
- drei Autos haben
- ...

Übung 17

Hören Sie zum Abschluß ein Gedicht von Gianni Rodari! Lesen Sie erst still mit und sprechen Sie es dann selbst!

Tragödie eines Kommas

Es war einmal ein Komma
Das durch ein dummes Kind
Ganz hinten
(Das ist allerhand)
Am Ende des Diktates stand
wo sonst die Punkte sind
Nun trug das arme Komma
Das solche Last nicht kennt,
Die Last von vielen Wörtern
(Auch solchen mit Akzent).
Das war zuviel
So starb es
Am zweiten Tag bereits
Doch statt des Grabsteins
kriegte es
Ein dickes Tintenkreuz
Auch blühten statt der Rosen
(Wie über andern Leichen)
Auf seinem Grabe lauter

Ausrufezeichen

Ein trauriges Buch ...

Phonetische Mittel des Deutschen – Übersichten und Ergänzungen

Zu den phonetischen Mitteln einer Sprache zählen vor allem die Melodieverläufe, die Akzentuierungen und die Laute. Jede Sprache hat ihre eigenen phonetischen Mittel. Das bedeutet: Die phonetischen Mittel einer Fremdsprache unterscheiden sich **immer** und **in vielen Punkten** von den Mitteln der Muttersprache. Will man sich in einer Fremdsprache verständigen, so reicht es also nicht aus, fremde Wörter und grammatische Regeln zu lernen. Auch die fremden Laute und die fremde Aussprache der Sätze müssen geübt werden. Eine möglichst gute Beherrschung der fremden phonetischen Mittel ist also genauso wichtig wie die Kenntnis des Wortschatzes, der für die Kommunikation gebraucht wird.

In unserem Buch stellen wir systematisch die phonetischen Mittel des Deutschen dar. Deshalb behandeln wir beispielsweise nicht nur die einzelnen Vokale und Konsonanten, sondern auch Lautverbindungen, die für viele Ausländer schwierig sind. An der Spitze stehen vier Lektionen zur Aussprache der Sätze. Die phonetischen Mittel, die hierfür gebraucht werden, heißen intonatorische Mittel oder Intonation. Zur Intonation gehören

1. die Wortakzentuierung,
2. die Satzakzentuierung und Pausierung,
3. die rhythmische Gestaltung der Sätze und
4. die Melodisierung.

Es hat sich gezeigt, daß eine ungenügende rhythmische oder melodische Satzgestaltung stärker stört als die unkorrekte Aussprache einzelner Laute. Man muß also zuerst die intonatorischen Formen üben. Die Intonation ist für alles andere die Grundlage. Sie muß bei den Übungen zu den Vokalen und Konsonanten immer bewußt und möglichst richtig angewendet werden.

Jede Lektion enthält kurze Erklärungen und Ausspracheregeln. Diese Angaben werden hier ergänzt. Wir folgen dabei der Gliederung in Intonation, Vokale, Konsonanten und geben einen Überblick.

1 Deutsche Sprache und Standardaussprache

Das Deutsche wird in der Bundesrepublik Deutschland, in Österreich, der Schweiz und Liechtenstein als Amtssprache verwendet. Außerdem gibt es in Osteuropa, Amerika und Australien große Bevölkerungsgruppen, in denen Deutsch als erste oder zweite Muttersprache gesprochen wird. Trotz dieser Verbreitung in mehreren Staaten hat das Deutsche eine weitgehend einheitliche überregionale Schriftsprache. Auch die Schreibung ist fast überall gleich. Die Aussprache dagegen weist große Unterschiede auf. In der Bundesrepublik Deutschland gibt es eine allgemein anerkannte Aussprache, die als Standardaussprache bezeichnet wird. Auch in Österreich und in der Schweiz bestehen solche Ausspracheformen. Sie weichen aber von denen der Bundesrepublik in einigen Punkten ab. Die bundesdeutsche Standardaussprache hat in Deutschland ein hohes Ansehen. Sie wird überall verstanden. Wer sie spricht, gilt als kultiviert und gebildet. Im Rundfunk, im Fernsehen, im Theater, in der Schule und in verschiedenen anderen Bereichen wird sie als angemessene Ausspracheform erwartet und gefordert. Im Alltag aber wird vielfach eine der großräumig verbreiteten Umgangssprachen gesprochen. In der Bundesrepublik gibt es etwa 18 solche landschaftsgebundenen Umgangssprachen, so die mecklenburgische Umgangssprache in Mecklenburg-Vorpommern, die obersächsische Umgangssprache in Sachsen und Sachsen/Anhalt, die schwäbische Umgangssprache in Baden-Württemberg usw. In jeder dieser Umgangssprachen ist die Schriftsprache mit den ursprünglichen Dialekten der betreffenden Landschaft eine besondere Verbindung eingegangen. Die Schriftsprache verdrängte nach und nach die Dialekte aus dem mündlichen Verkehr, nahm dabei aber einige von deren Ausdrucksformen in sich auf. Das betraf vor allem die phonetischen Mittel. Aus der verhältnismäßig einheitlichen Schriftsprache wurden so mehrere „großlandschaftliche“ Umgangssprachen.

Wegen der dialektalen Einflüsse versteht der Ausländer eine Umgangssprache meist schlechter als die Standardaussprache. Er selbst sollte phonetische Mittel der Umgangssprache nur verwenden, wenn er sie perfekt beherrscht. Es entsteht sonst ein Lautgemisch, das auf Muttersprachler komisch wirkt.

Unser Buch vermittelt nur die in der Bundesrepublik anerkannte Standardaussprache. Diese ist aber keine starre Ausspracheform. Sie kann der Sprechsituation angepaßt werden. Wer auf der Bühne vor einem großen Publikum steht, muß zwangsläufig anders sprechen als jemand, der vor dem Mikrophon sitzt. Wer vorliest oder einen gelernten Text vorträgt, konzentriert sich stärker auf die Form des Sprechens als derjenige, der in einer Diskussion ohne Vorbereitung redet. Die Unterschiede liegen nicht nur im Sprechtempo, in der Lautheit oder im Fluß des Sprechens. Sie liegen auch in der Aussprache. Je freier, ungezwungener und schneller jemand spricht, desto mehr schwächt oder reduziert er einzelne Laute, Silben oder Wörter. Dies tritt vor allem im Gespräch auf. Für Ausländer sind solche stark reduzierten Ausspracheformen schwer zu erlernen. Deshalb demonstrieren die Tonaufnahmen, die unserem Buch beigefügt sind, nur die vollen nichtreduzierten Formen und jene Reduktionen, die seit langem auch auf der Bühne und vor dem Mikrophon üblich sind. Bei schnellerem Sprechen wird gelegentlich auch die Artikulation des Gesprächs vorgeführt.

2 Intonation (Lektionen 1 bis 4)

Die Intonation eines Satzes besteht aus der Akzentuierung, der Pausierung, der Rhythmisierung und der Melodisierung. Diese intonatorischen Mittel geben jedem deutschen Satz ein besonderes Gepräge. Sie unterscheiden ihn von Sätzen in anderen Sprachen durch einen harten hämmernden Rhythmus (musikalisch ausgedrückt: einen staccato-Rhythmus) und eine spezifische Melodieform.

Im Deutschen sind die Akzente entscheidend für die Rhythmisierung und die gesamte Aussprache. Das Deutsche ist eine stark akzentuierte oder akzentzentrierende Sprache. Die ganze Sprechenergie wird auf die Satzakzente konzentriert. Man rechnet das Deutsche deshalb auch zu akzentzählenden Sprachen, denn es besteht die Tendenz, Satzakzente in annähernd gleichen Abständen zu wiederholen. Satzakzente liegen im allgemeinen nur auf solchen Silben, die in den Wörtern als Akzentstellen festgelegt sind. Die Beherrschung der richtigen Wortakzentuierung (Lektion 1) ist daher die Grundlage der Satzakzentuierung und der Rhythmisierung.

Satzakzentuierte Silben werden nicht nur durch größere Lautstärke, langsameres Tempo und auffällige Melodieveränderung intonatorisch herausgehoben, sie werden auch sorgfältiger artikuliert. Auf akzentlose Silben oder Wörter entfällt dagegen viel weniger Sprechenergie. Sie werden schneller und flüchtiger ausgesprochen. Deshalb werden gerade die Laute dieser Silben und Wörter oft mehr oder weniger reduziert. Aus der Verbindung von starken, energisch gesprochenen Akzentsilben und akzentlosen geschwächten Silben entsteht der typische Rhythmus des Deutschen. Die Übungen mit den rhythmischen Mustern (Lektion 3) sollen vor allem diesen Wechsel in der Sprechenergie verdeutlichen. In Abzählreimen und Kinderliedern ist dieser Rhythmus besonders gut zu erkennen. Die Lektion 3 enthält einige solcher Lieder. Ihr Rhythmus stimmt mit dem jeweils zuvor beschriebenen rhythmischen Muster überein. Die Übungen zur Rhythmisierung empfehlen wir Ihrer besonderen Aufmerksamkeit.

Für die Satzakzentuierung und Pausierung (Lektion 2) gibt es im Deutschen feste Regeln. Der Sprecher benutzt beides, um deutlich zu machen, was für ihn wichtig ist. Dabei beachtet er die Regeln, kann sie aber seinen Absichten entsprechend verändern. Wenn er nachdrücklich viele Informationen übermitteln will, wird er langsam sprechen. Er wird zahlreiche und starke Akzente setzen und seine Sätze auch stärker durch Pausen gliedern. Der Extremfall für eine solche Intonation ist das in fast allen Lektionen vorgeführte Diktieren. Bei einem freundlichen, mehr beiläufigen Gespräch ist dagegen das Sprechtempo schneller. Die Zahl der Pausen und Akzente ist gering. Die Akzentuierung ist eher schwach ausgeprägt. Wird ein solches Gespräch plötzlich lebhaft, dann wächst die Sprechenergie. Die Pausen werden verkürzt und unregelmäßiger verwendet. Die Akzente werden stärker, und ihre Zahl wächst. Satzakzentuierung und Pausierung hängen also nicht nur von den Regeln, sondern auch von der Situation und vom Mitteilungswillen des Sprechers ab.

Wie jede Sprache hat auch das Deutsche eine ihm eigene Sprechmelodie. Sie ist nicht so lebhaft wie in einigen romanischen oder slawischen Sprachen. Sie ist aber auch nicht so gleichförmig wie in den finnisch-ugrischen Sprachen. Sie gibt jedem Satz eine besondere Melodieform, die der Melodie eines Liedes gleicht. Deshalb kann man Melodieformen des Sprechens auch gut nachsummen oder nachpfeifen. Wir demonstrieren dieses Nachsummen in einigen der Übungen der Lektion 4. Sie sollten es immer wieder einsetzen. Es ist eine gute Möglichkeit, sich die Besonderheiten eines Melodieverlaufs zu verdeutlichen. Auch die Melodisierung (Lektion 4) wird von Regeln bestimmt. Sie hängt außerdem aber vom Mitteilungswillen des Sprechers ab. Will er sich ruhig und sachlich äußern, dann ist der Melodieverlauf eher flach. Das Gesamtintervall der Melodiebewegung ist klein. Ist der Sprecher dagegen freudig erregt, ärgert er sich oder ist er zornig, dann wird das Gesamtintervall größer. Dann liegt nicht nur die letzte Akzentsilbe melodisch sehr hoch (vergleiche Übung 12), sondern auch jede vorausgehende Melodiebewegung durchläuft dann einen größeren Tonhöhenbereich.

In diesem Zusammenhang muß auf die durchschnittliche Lautheit und die durchschnittliche Tonhöhe deutscher Sprecher verwiesen werden. Im Deutschen sprechen Männer, Frauen und Kinder mittellaut. Leises oder sehr leises Sprechen wirkt unsicher und ängstlich. Lautes und sehr lautes Sprechen wird dagegen als aufdringlich, unhöflich oder unkultiviert beurteilt. Es wird im allgemeinen mit kräftiger, lockerer und normal tiefer Stimme gesprochen. Auch Frauen steigern ihre Tonhöhe nicht. Zwischen der Melodisierung bei Männern und Frauen bestehen keine auffälligen Unterschiede.

3 Vokale (Lektionen 5 bis 13)

Die deutsche Sprache gehört zu den vokalreichen Sprachen. Sie hat 16 Vokale und 3 Diphthonge. Hinzu kommt, daß der Konsonant [r] in einigen Lautumgebungen als Vokal gesprochen wird. In den einzelnen Lektionen werden die Vokale meist paarweise behandelt. Nach der Beschreibung ihrer Bildung werden die Zeichen für die phonetische Transkription vorgestellt.
Einen Überblick über die Artikulationsstellen der Vokale und Diphthonge erhält man durch das sogenannte **Vokalviereck**. Mit ihm wird die Zungeneinstellung im Mundraum symbolisiert.

Dieses Vokalviereck zeigt:

- Die deutschen Vokale werden mit der Vorderzunge, der Mittelzunge und der Hinterzunge gebildet.
- Die Zunge kann flach im Mund liegen; bzw. mittelhoch oder hoch aufgewölbt sein.

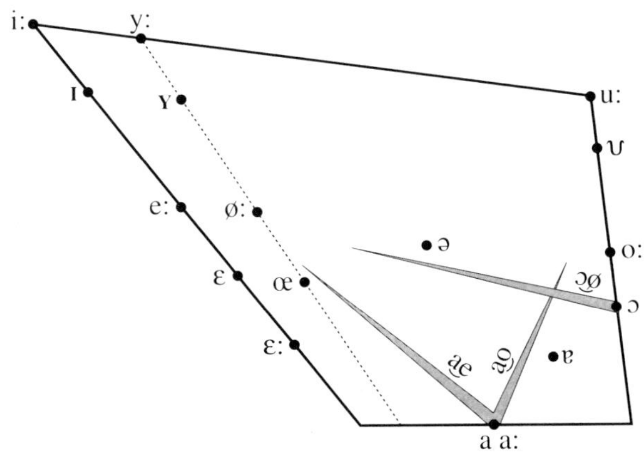

- Mit der Vorderzunge werden zwei Vokalreihen artikuliert: 1. Vokale ohne Lippenrundung, das sind die I-Laute und die E-Laute, 2. Vokale mit Lippenrundung, das sind die Ü-Laute und die Ö-Laute.
- Mit der Hinterzunge werden die U-Laute und die O-Laute gebildet. Auch sie haben Lippenstülpung.
- Die bisher genannten Vokale treten paarweise auf. Jedes Paar besteht aus einem langen und einem kurzen Vokal. Mit Ausnahme der A-Laute ist bei den langen Vokalen im Vergleich zu den dazugehörigen kurzen
  - die Spannung insgesamt größer,
  - die Zunge etwas stärker gehoben,
  - der Unterkiefer ebenfalls etwas weniger gesenkt und
  - die Mundöffnung etwas kleiner.

  Man bezeichnet die langen Vokale deshalb als geschlossen. Im Gegensatz dazu nennt man die kurzen Vokale offen.
- Liegt die Zunge flach im Mund, dann entstehen die A-Laute. Bei ihnen wird nur ein langes und ein kurzes A unterschieden.
- Zu den E-Lauten gehört auch das lange offene E. Im Gegensatz zum kurzen offenen E wird es mit geringerer Zungenaufwölbung und größerer Mundöffnung gebildet.
- Mit der Mittelzunge werden nur der Murmelvokal und das vokalisierte R [ɐ] gebildet.
- Zwischen den A-Lauten, dem Murmelvokal und den O-Lauten liegt der Vokal [ɐ], der für den Konsonanten [r] nach langen Vokalen und in den Vorsilben *er-, her-, ver-, zer-* sowie in der Endung *-er* jeweils für *er* verwendet wird (siehe Lektion 21).

Mit Ausnahme des Murmelvokals treten alle Vokale in akzentuierten und in akzentlosen Silben auf. In akzentuierten Silben können die langen Vokale gedehnt werden. Enthalten akzentuierte Silben kurze Vokale, wird die Silbe im Ganzen gedehnt, aber nicht der Vokal. In akzentlosen Silben wird häufig reduziert. Lange Vokale verlieren zuerst an Länge, werden dann zu offenen Vokalen und in manchen Wörtern auch zum Murmelvokal. Kurze Vokale werden zum Murmelvokal reduziert und können in einigen Wörtern dann auch entfallen. Diese Reduzierungen erfolgen vor allem bei den meist nicht akzentuierten sinnschwachen Wörtern wie Artikeln, Präpositionen, Pronomen usw. Die volle Form [deːm] für den Artikel *dem* kann so zu [dem] oder [dɛm] oder [dəm] geschwächt werden.

Der Murmelvokal (Lektion 12) tritt nur in akzentlosen Silben auf, vor allem in Vorsilben und in den Endungen *-en* und *-el.* In diesen Endungen fällt er nach Explosiven und Frikativen meistens aus. Dabei wird das [n] und das [l] silbisch gesprochen. Die Wörter *hassen* und *Sattel* bleiben also zweisilbig, obwohl der Murmelvokal fehlt. Nach den Explosiven [p] und [b] wird [n] außerdem zu [m] angeglichen, nach den Explosiven [k] und [g] zu [ŋ]; *haben* wird so zu [ˈhaːbm̩], *Haken* zu [ˈhaːkŋ̍].

Die Unterscheidung von langen und kurzen Vokalen ist für das Deutsche besonders charakteristisch und muß immer beachtet werden. Dabei kann die Schreibung helfen. Mit ihrer Hilfe können auch die Silbengrenzen bestimmt werden, von denen die Aussprache sehr oft abhängt. Bei der Trennung eines Wortes in Silben müssen einfache (nicht zusammengesetzte) und zusammengesetzte Wörter unterschieden werden. Für die Silbentrennung in einfachen Wörtern gelten vor allem folgende Regeln:

- Steht in einfachen Wörtern ein Konsonantenbuchstabe zwischen Vokalen, liegt die Silbengrenze vor dem Konsonanten; dies gilt auch für die Buchstabenverbindungen *ch, sch, ck, rh, th*, wenn sie für einen Konsonanten stehen: *Bü - cher.* Die vorausgehende Silbe endet damit auf Vokal; sie wird als offen bezeichnet: *ha - ben.*
- Stehen in einfachen Wörtern zwei Konsonantenbuchstaben zwischen Vokalen, liegt die Silbengrenze zwischen den Konsonanten; die vorausgehende Silbe wird als geschlossen bezeichnet: *kom - men, hal - ten.*
- Folgen zwei Vokale aufeinander, die nicht für einen Diphthong stehen, liegt eine Silbengrenze zwischen ihnen: *The - ater.*

Zusammengesetzte Wörter und Wörter mit Vor- oder Nachsilben werden dagegen zwischen ihren Bestandteilen getrennt: *Schul - hof, Zug - ende, Renn - auto, Zusammen - arbeit.* Zusätzlich kann jedoch auch in jedem Bestandteil getrennt werden: *Zu - sam - men - ar - beit.*

Die Lektionen zu den Vokalen enthalten die wichtigsten Hinweise zum Verhältnis von Schreibung und Aussprache. Diese Hinweise werden im folgenden ergänzt:

Der Vokal ist lang zu sprechen,

- wenn er in einer offenen Silbe steht: *re - den, La - ger, Stra - ße.* Dies gilt auch, wenn das Wort mit einem Konsonanten endet, bei Flexion aber eine offene Silbe entsteht: *Weg* weil *We - ge, schön* weil *schö - ner.* Ausnahmen sind zu beachten, wenn dem Vokalbuchstaben die Buchstaben *ch, sch, st* oder *x* folgen; langer Vokal wird z. B. gesprochen in *Ku - chen, Du - sche, trö - sten*; kurzer Vokal dagegen in *Kü -che, spre - chen, wa - schen, Fi - sche, He - xe, mi - xen.* Bei flektierten oder abgeleiteten Formen muß entweder von der Grundform oder von den flektierten Formen des Wortes ausgegangen werden; deshalb langer Vokal in: *(du) fr**a**gst, R**a**tsherr, halbw**e**gs,* weil *fra - gen, (dem) Ra - te, (des) We - ges;*
- wenn für ihn ein Vokalbuchstabe plus Dehnungs-H geschrieben wird; z. B. *fahren, ihm, Schuhe;*
- wenn für ihn ein Doppelbuchstabe geschrieben wird, z. B. *Saat, Meer, Boot;*
- wenn für [iː] die Buchstaben *ie* oder *ieh* geschrieben werden, z. B. *sie, Vieh;*
- wenn der Vokalbuchstabe am Wortende steht, z. B. *Kino, Klima, Amerika;*

- wenn in einsilbigen unveränderbaren Wörtern dem Vokalbuchstaben nur ein Konsonantenbuchstabe folgt, z. B. *dem, den, er, wer, für, vor, schon*; hierzu gibt es allerdings zahlreiche Ausnahmen, z. B. mit kurzem Vokal *es, was, mit, an, ab.*

Der Vokal ist kurz zu sprechen,

- wenn ein folgender Konsonant mit Doppelbuchstaben geschrieben wird, z. B. *kommen, hatten*;
- wenn dem Vokalbuchstaben innerhalb des Wortstamms (in den folgenden Beispielen unterstrichen) zwei oder mehr verschiedene Konsonantenbuchstaben, *ck* oder *x* folgen, z. B. *Kälte, helfen, Finger, kämpfen, Kasten, Zucker, faxen* (über die Regelung bei nachfolgendem *ch, chs, sch* siehe oben);
- wenn der Vokalbuchstabe in offenen nichtakzentuierten Silben von Fremdwörtern steht: *Phi-lo-so-phie, Re-pu-blik.*

4 Konsonanten (Lektionen 14 bis 27)

Das Deutsche hat drei Paar Explosive (Verschlußlaute), fünf Paar Frikative (Reibelaute), drei Nasale, den Liquid (Fließlaut) [l] und den Hauchlaut [h]. Bei den Explosiven und Frikativen stehen sich stark gespannte Konsonanten mit stärkerem Geräusch (fortis, immer stimmlos) und schwach gespannte Konsonanten mit schwächerem Geräusch (lenis, stimmhaft oder stimmlos) gegenüber. In den einzelnen Lektionen wird die Bildung der Konsonanten beschrieben. Es werden einige Ausspracheregeln angeführt. Außerdem werden die Zeichen für die phonetische Transkription vorgestellt. Im einzelnen ergeben sich zehn Artikulationseinstellungen:

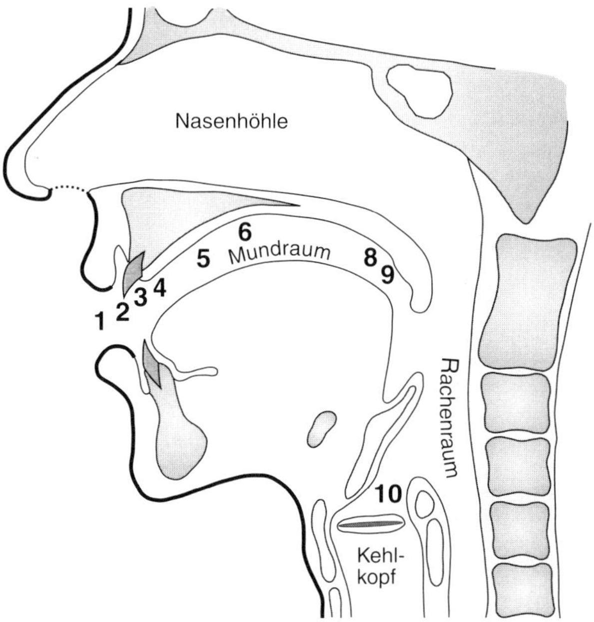

1. Die Lippen liegen aufeinander und bilden einen Verschluß.
2. Die Unterlippe bildet mit den oberen Schneidezähnen eine Enge.
3. Die Vorderzunge bildet an den Schneidezähnen eine Rinne.
4. Der vordere Zungenrand bildet am Zahndamm der oberen Schneidezähne einen Verschluß.
5. Der vordere Zungenrand bildet am vorderen Gaumen eine Enge.
6. Der mittlere Zungenrücken bildet am vorderen Gaumen eine Enge.
7. Der seitliche Zungenrand bildet an den Backenzähnen links oder rechts eine Enge.
   (In der Abbildung kann diese Einstelllung nicht dargestellt werden.)
8. Die Hinterzunge bildet am hinteren Gaumen einen Verschluß.
9. Die Hinterzunge bildet am hinteren Gaumen eine Enge.
10. Im Kehlkopf oder im unteren Rachenraum wird eine Enge gebildet.

Hieraus ergibt sich folgende Übersicht:

		Artikulationsstelle									
		1	**2**	**3**	**4**	**5**	**6**	**7**	**8**	**9**	**10**
Explosive	**fortis**	p			t				k		
	lenis	b			d				g		
Frikative	**fortis**		f	s		ʃ	ç			x	
	lenis		v	z		ʒ	j			r	h
Nasale		m			n				ŋ		
Liquide					l						

Diese Beschreibung wirft einige Probleme auf, die im folgenden besprochen werden.

- Der Unterschied zwischen [p] und [b] usw. wird häufig als ein Unterschied zwischen stimmlosen und stimmhaften Konsonanten bezeichnet. Dies entspricht nicht den Aussprachegewohnheiten in der Standardaussprache. Die Laute [b, d, g] werden stimmlos gesprochen, wenn eine Pause oder ein stimmloser Konsonant vorausgeht (z. B. ***d**u, das **B**ad*). Auch [v, z, j] werden nach stimmlosen Konsonanten stimmlos gesprochen (z. B. *Aus**w**eis, weg**s**ehen*); nach einer Pause können sie aber auch stimmhaft sein. Volle Stimmhaftigkeit ist bei den angeführten Konsonanten nur vorhanden, wenn stimmhafte Laute vorausgehen (z. B. *mein **B**rot, du **g**ehst, man **s**agt, sie **w**eiß*). Die Stimmhaftigkeit ist also von der Lautumgebung abhängig. Bei dieser Angleichung bestimmt der vorausgehende Laut die Qualität des folgenden Lautes. Dabei setzt sich im Deutschen die Stimmlosigkeit durch. Man spricht deshalb von einer Stimmlosigkeitsassimilation (Lektion 27).
- Das R (Lektion 21) wird in dieser Aufstellung als Frikativ, also als Reibe-R eingeordnet. So ist es auch in unseren Tonaufnahmen zu hören. Ein gerolltes oder vibrierendes R, meist ein Zäpfchen-R, wird oft in Süddeutschland sowie in Österreich und in der Schweiz verwendet. Im nord- und mitteldeutschen Bereich findet

sich dagegen fast ausschließlich das Reibe-R. Vor allem hier wird nach langen Vokalen das R zu einem Vokal reduziert, der im Vokalviereck zwischen den Vokalen [a, ɔ, ə] steht. Dieses „vokalische" R verändert den Klang des vorausgehenden langen Vokals wie in einem Diphthong, das heißt, es verschmilzt mit diesem und tritt nicht selbständig auf. In der Umschrift wird es deshalb halbhoch gesetzt, z. B. *Tür* [tyːᵄ]. In den Vorsilben *er-, her-, ver-, zer* und in der Endung *-er* wird das R ebenfalls vokalisch aufgelöst und verschmilzt mit dem Vokal. Es entsteht ein Vokal, der als Kern einer Silbe zu hören ist, z. B. *Vertreter* [fɐ'treːtɐ].

- In der oben angeführten Darstellung fehlen die Affrikaten [pf] und [ts]. Sie werden hier nicht als selbständige Laute, sondern als Lautverbindungen zwischen Explosiven und Frikativen aufgefaßt. Solche Verbindungen gibt es noch mehr. Hier müssen auch [ks] (z. B. in *He**x**e, wa**chs**en, Ke**ks**, Kna**cks**, unterwe**gs***) und [kv] (z. B. in ***Qu**elle, be**qu**em*) angeführt werden. Auch [ps] (z. B. in ***Ps**ychologie, **Ps**eudonym*), [tʃ] (z. B. in *Pei**tsch**e, kla**tsch**en*) und andere wären zu nennen. Die wichtigsten Lautverbindungen werden in der Lektion 25 vorgestellt.

- Das [l] ist in der Übersicht als seitlicher Engelaut dargestellt worden (Lektion 23). Es wird damit nicht beschrieben, welche Klangvorstellung in der Standardaussprache vorherrscht. In einigen Umgangssprachen wird ein dunkler, weit hinten (velar) gebildeter Laut beobachtet. In der Standardaussprache muß jedoch immer ein heller und weit vorn artikulierter Laut gesprochen werden.

Auch die Aussprache der Konsonanten kann weitgehend aus der Schreibung erschlossen werden. Die Lektionen enthalten entsprechende Hinweise. Diese werden hier mit Regeln ergänzt. Im einzelnen ist folgendes zu bedenken:

- Charakteristisch für das Deutsche ist die sogenannte Auslautverhärtung. Die Buchstaben b, d, g, v und s werden am Wort- und Silbenende nicht als Lenis-, sondern als Fortiskonsonanten gesprochen, z. B. *Verb, üblich, Rad, kindlich, Weg, genügsam, brav, nervlich, Haus, Weisheit.*

- Die Endung *-ig* wird in der Standardaussprache nicht mit [k], sondern mit [ç] gesprochen, z. B. *wenig, richtig, Käfig.* Ein [g] muß artikuliert werden, wenn das Wort erweitert wird, z. B. *wenige, richtige, Käfige.* Im süddeutschen Bereich wird diese Endung jedoch vorwiegend als [ɪk] gesprochen.

- Der Laut [ŋ] wird in der Schrift mit den beiden Buchstaben *ng* wiedergegeben. Er ist immer als Nasal ohne [k] zu sprechen, z. B. *eng, ängstlich, Ring.* Diesem Laut darf nur dann ein [k] folgen, wenn die Schreibung innerhalb des Wortstamms (im folgenden unterstrichen) ein *n* plus *k* vorsieht, z. B. *trinken, kränklich.*

- Der Buchstabe h steht einerseits für den Hauchlaut (Lektion 24) und andererseits für ein Dehnungszeichen. Als Hauchlaut darf das H nur gesprochen werden, wenn es am Silbenanfang vor einem Vokal steht, z. B. ***h**aben, vor**h**alten, Ge**h**eimnis, Wahr**h**eit*. Wird das H dagegen als Dehnungszeichen gebraucht und gehört zum Wortstamm, so ist es stumm, auch wenn es bei Silbentrennung die Silbe eröffnet und damit vor Vokal steht, z. B. *se**h**en* (obwohl *se - hen), Ru**h**e* (obwohl *Ru - he).*

- In der Lektion 24 wird der Hauchlaut [h] dem Vokalneueinsatz gegenüberstellt. Mittels dieses phonetischen Gegensatzes werden Wörter wie *Halt - alt, Hund - und, hoffen - offen* unterschieden. Neueinsatz bedeutet, daß ein Wort oder eine Silbe nicht an die vorausgehenden Laute gebunden wird, sondern daß der Sprecher neu beginnt. Der Neueinsatz (Zeichen: |) zeigt folglich eine Wort- oder Silbengrenze an: *viel | enger* (ohne Neueinsatz würde man *viel länger* verstehen) *The|ater.* Der Neueinsatz tritt bei Vokalen am Wort- oder Silbenanfang in zwei Formen auf, als Kehlkopfknacklaut (Zeichen: [ʔ]) und als weicher Einsatz, das heißt als sanftes Einsetzen der Stimmlippenschwingungen (Zeichen: |). Der Kehlkopfknacklaut, den man als leises Sprenggeräusch hört, wird häufiger in satzakzentuierten Silben und besonders bei lautem nachdrücklichem Sprechen verwendet, z. B. *Achtung* [ˈʔaxtʊŋ]. In anderen Fällen fehlt dieses Sprenggeräusch. Die am Wort- oder Silbenanfang stehenden Vokale werden dann ohne Bindung an vorausgehende Laute neu eingesetzt, das heißt, nach einer kurzen Unterbrechung beginnt die Stimmgebung mit einem sanften Anlauf, z. B. *am Rheinufer* [am ˈraɛ̯n|uːfɐ].

Wir hoffen, daß Ihnen dieser Überblick beim Umgang mit unserem Buch hilft. Wir haben uns bemüht, alles aufzunehmen, was Sie für die Übungen benötigen. Kurze Erklärungen zu den phonetischen Begriffen finden Sie im Anschluß. Falls Sie sich gründlicher mit der Phonetik der deutschen Sprache beschäftigen wollen, empfehlen wir Ihnen zunächst eines der vorhandenen Aussprachewörterbücher. Außerdem verweisen wir noch einmal auf die Lehrerhandreichungen zur PHONOTHEK mit einer kleinen phonetischen Einführung zu diesem Buch, die Sie ebenfalls zu Rate ziehen können. Dort finden Sie auch weiterführende Literatur.

Phonetische Begriffe – kurz erläutert

Affrikate – enge Verbindung von Explosiv und Frikativ mit Lautangleichung. Ursprünglich zählen zu den Affrikaten nur diejenigen Lautverbindungen, bei denen die beteiligten Laute jeweils an der gleichen Artikulationsstelle gebildet werden, also [pf] und [ts]. Aber auch [ks], [ps] und andere Verbindungen von Explosiv und Frikativ sind eng und zeigen solche Lautangleichungen.

Akzent, Akzentuierung – Hervorhebung (Betonung) durch phonetische (intonatorische) Auszeichnung, ↗ Wortakzent, Satzakzent

akzentzählend – Bezeichnung für Sprachen, deren Sprechrhythmus vor allem durch drei Merkmale bestimmt wird: 1. durch starke Satzakzente, 2. durch die Tendenz, die Abstände zwischen den Satzakzentsilben annähernd gleich zu halten, und 3. durch Lautreduzierungen in den akzentlosen Silben. Die Reduzierung der akzentlosen Silben ist die Voraussetzung dafür, daß die Satzakzente in annähernd zeitgleichen Abständen hervorgebracht werden können. Das Deutsche gehört zu den akzentzählenden Sprachen. Gegensatz: ↗ silbenzählend, ↗ Rhythmus

Allophon – Sprechlaut, Einheit des Sprechens. Allophone sind Realisierungsvarianten für ein ↗ Phonem. Jedes Phonem hat mehrere Allophone, die dadurch entstehen, daß ein Phonem in verschiedenen Lautumgebungen und unter verschiedenen intonatorischen Bedingungen realisiert wird. Jede Lautumgebung aber beeinflußt einen Laut auf spezifische Weise. Außerdem wirkt sich aus, ob die Silbe, in der der Laut steht, akzentuiert oder akzentlos ist. Laute in Akzentsilben werden im Deutschen viel präziser als in akzentlosen Silben artikuliert. ↗ Artikulation, Assimilation, Lautreduzierung

Aneinanderreihung – ↗ Komposita

Anlauf – Verlauf der Sprechmelodie in einem Satz bis zur letzten Akzentstelle. Die Form des Anlaufs ist abhängig von der Zahl und Lage der Akzentstellen. ↗ Endlauf, Intonation

Artikulation – Erzeugung der Sprechlaute mit Hilfe der Artikulationsorgane. Hierzu zählen vor allem die Lippen, die Zähne, die Zunge, der harte und der weiche Gaumen sowie die Stimmlippen. Die Artikulation ist ein fließender, kontinuierlicher Bewegungsablauf, der kaum unterteilt werden kann. Für die Artikulation eines Lautes sind meist nicht alle Artikulationsorgane notwendig. Die nicht direkt beteiligten Organe haben deshalb oft noch die Einstellung für die vorausgehenden Laute, oder sie bereiten die folgenden Laute vor. Im Wort *Tor* ist für [t] nur die Verschlußbildung im Mundraum erforderlich. Die Lippen stellen sich folglich bereits auf das [oː] ein und wölben sich vor. Das Sprenggeräusch des Explosivs hat demzufolge einen dunklen Beiklang. ↗ Assimilation

Aspiration – ↗ Behauchung

Assimilation – Angleichung der Laute während der Artikulation. Es gibt mehrere Arten der Assimilation. Bei der progressiven Assimilation wird ein Laut durch die vorausgehenden Laute beeinflußt (vorwärts wirkende Lautangleichung). Wird ein Laut dagegen von den folgenden Lauten beeinflußt, spricht man von regressiver Assimilation (rückwärts wirkende Lautangleichung). Als Totalassimilation bezeichnet man einen Vorgang, bei dem ein Laut oder eine Lautgruppe ausfällt (↗ Elision) und oft die Nachbarlaute beeinflußt.

Auslautverhärtung – am Wort- und Silbenende Verhärtung der Leniskonsonanten [b, d, g, v, z] zu den entsprechenden Fortiskonsonanten: *(er) le**b**te, Hau**s***. Bei Verschiebung der Silben- oder Wortgrenze durch Flexion entfällt die Verhärtung: *le**b**en, Häu**s**er.*

Behauchung – Erzeugung eines deutlichen Sprenggeräuschs bei den Fortisexplosiven. Bei der Sprengung des Verschlusses wird die angestaute Ausatmungsluft mit einem verstärkten kräftigen Hauchgeräusch herausgepreßt. ↗ Explosive

Bestimmungswort – ↗ Grundwort, Komposita

Dialekt – in einer kleineren Region des Sprachgebiets gebrauchte Variante der Sprache. Die Dialekte sind ursprüngliche ältere Formen der Sprache. Ein Dialekt wird im allgemeinen nur mündlich gebraucht. Er unterscheidet sich lexikalisch, grammatisch und stilistisch stark von der Standardsprache, der ↗ Schriftsprache. Auch die Ausspracheformen der Dialekte weichen stark von den Ausspracheformen der Standardaussprache ab.

Diphthonge – Zwielaute; enge Verbindung von zwei kurzen Vokalen, die innerhalb einer Silbe wie ein langer Vokal verwendet werden. Dabei gleiten die Artikulationsorgane von der Stellung für den ersten Vokal stufenlos in die Stellung für den zweiten Vokal. Das Deutsche hat nur „fallende" Diphthonge, das heißt, der erste Vokal wird mit größerer Lautheit gebildet als der zweite Vokal. Bei „steigenden" Diphthongen hat der zweite Vokal größeres Gewicht.

distinktiv – bedeutungsunterscheidend, vor allem für die Bewertung der Lautmerkmale verwendet. Merkmale sind distinktiv, wenn sie dazu beitragen, Phoneme zu unterscheiden. Unterscheiden sie nur die Sprechlaute (↗ Allophone) für ein Phonem, dann werden sie als irrelevant (unbedeutend) bezeichnet, weil sie für die Phonemunterscheidung keine Bedeutung haben.

Elision – Ausfall eines Lautes oder einer Lautgruppe. ↗ Artikulation, Assimilation

Endlauf – Verlauf der Sprechmelodie in einem Satz von der letzten Akzentstelle an, Fortsetzung des ↗ Anlaufs. Der Endlauf zeigt an, ob eine Wortfolge abgeschlossen (fallende Melodie) oder nichtabgeschlossen ist (schwebende Melodie), ob sie eine Aussage (fallende Melodie) oder eine Frage darstellt (steigende Melodie). Außerdem ist am Endlauf zu erkennen, ob der Sprecher sachbetont (Bevorzugung der fallenden Melodie in allen Äußerungen, auch bei Fragen) oder kontaktbetont (Bevorzugung der steigenden Melodie, auch bei kurzen Aussagen), mit wenig Emotion (kleiner Melodiefall oder kleine Melodieintervalle) oder mit viel Emotion (großer Melodiefall oder große Melodieintervalle) spricht. ↗ Intonem, terminal, progredient, interrogativ

Explosive – Konsonanten, die durch spezifische Explosionsgeräusche gekennzeichnet sind. Die jeweiligen Geräusche entstehen durch die Sprengung eines Verschlusses, der im Deutschen an drei verschiedenen Artikulationsstellen gebildet wird. Das Sprenggeräusch kann kräftig (Fortis-Explosive) oder schwach sein (Lenis-Explosive). Das Deutsche hat folglich drei Paar Explosive. Die Lenis-Explosive treten stimmhaft und stimmlos auf. Ist das Sprenggeräusch auffallend kräftig, so wird es als ↗ Behauchung bezeichnet. Die Fortis-Explosive werden insbesondere behaucht, wenn sie im Anlaut akzentuierter Silben und im Wortauslaut stehen: ***p**acken, **K**raft, Musi**k**, Gewal**t***. ↗ Behauchung, Stimmhaftigkeit, Stimmlosigkeitsassimilation

Fließlaute – ↗ Liquide

fortis – stark gespannt. Bei der Bildung von Explosiven und Frikativen deutliche Anspannung der Artikulationsmuskulatur, was zu einem kräftigen Explosionsgeräusch (bei Explosiven ↗ Behauchung) oder einem kräftigen Reibegeräusch (bei Frikativen) führen kann. Wegen des kräftigen Ausatmungsstroms bei der Geräuschbildung sind die so gebildeten Konsonanten stimmlos. Gegensatz: ↗ lenis

Fortiskonsonanten – ↗ fortis

Frikative – Konsonanten, die durch spezifische Reibegeräusche gekennzeichnet sind. Die jeweiligen Geräusche entstehen durch die Ausatmungsluft in einer Enge, die im Deutschen an fünf verschiedenen Artikulationsstellen gebildet wird. Das Geräusch kann kräftig (Fortis-Frikative) oder schwach sein (Lenis-Frikative). Das Deutsche hat folglich fünf Paar Frikative. Die Lenis-Frikative treten stimmhaft und stimmlos auf. ↗ Stimmhaftigkeit, Stimmlosigkeitsassimilation

geschlossene Silbe – ↗ offene Silbe, Silbe

geschlossene Vokale – ↗ offene Vokale, Vokal

Gliederung – Zerlegung eines Satzes oder eines Textes in sinnvolle Abschnitte, meist mit Hilfe von Pausen. Für die Gliederung bestehen Regeln, die für die jeweilige Sprache spezifisch sind. Sie werden durch die Sprechabsicht variiert. Je langsamer und nachdrücklicher gesprochen wird, desto größer ist die Zahl und Länge der Pausen. Beim Sprechen ohne Manuskript treten häufig auch deshalb Pausen auf, weil es Schwierigkeiten bei der Satz- und Textbildung gibt. Solche Verzögerungspausen entsprechen nicht immer dem Sinn, sie werden aber meist als normal empfunden. ↗ Intonation

Grundwort – Ausgangswort für eine besondere Art von zusammengesetzten Wörtern (↗ Komposita). In diesen Komposita wird das Grundwort durch ein zweites Wort, das Bestimmungswort, näher bestimmt. Oft wird das Grundwort durch das Bestimmungswort in seiner Bedeutung eingeengt: *Tür* (Grundwort) + *Haus* (Bestimmungswort) = *Haustür.*

Hauchlaut – Bezeichnung für den Konsonanten [h], der im Kehlkopf als Hauchgeräusch gebildet wird.

Hauptakzent – In einem zusammengesetzten Wort (↗ Komposita) erhält eines der beteiligten Wörter den Hauptakzent. Es wird stärker hervorgehoben als die anderen Wörter, die entweder unbetont sind oder aber nur einen Nebenakzent erhalten.

interrogativ – fragend. Verwendet für den steigenden Melodieverlauf am Ende einer Wortfolge. Dieser Melodieverlauf zeigt an, daß eine Äußerung als Frage verstanden werden soll. Er wird aber meist nur für Ja-Nein-Fragen (Entscheidungsfragen) verwendet. Zusätzlich findet er sich in Äußerungen, die freundlich und verbindlich gemeint sind. Fragen mit Fragewort (W-Fragen) enden im allgemeinen mit einer fallenden Melodie. Auch Ja-Nein-Fragen werden mit einer fallenden Melodie abgeschlossen, wenn sie unfreundlich, entschieden oder betont sachlich klingen sollen. ↗ Intonation, Intonem

Intonation, intonatorische Mittel – Gesamtheit der phonetischen Mittel, die einen Satz zu einem Ganzen formen und auch einen Text gliedern. Diese Mittel sind die Sprechmelodie, die Lautheit, das Sprechtempo und die Pausen. Im Satz charakterisiert die Intonation vor allem die Akzentstellen und das Ende von Sätzen oder Teilsätzen. Sie zeigt an, ob eine Wortfolge abgeschlossen oder nicht abgeschlossen ist, ob ein Satz als Aussage oder als Frage zu verstehen ist und ob der Sprecher abweisend oder freundlich, sach- oder gefühlsbetont sprechen will. Im Text macht die Intonation deutlich, wo die Abschnittsgrenzen liegen, welches Gewicht die einzelnen Abschnitte haben und ob ein Sprecher das Wort behalten oder abgeben will. ↗ Intonem, Endlauf, terminal, progredient, interrogativ

Intonem – Bezeichnung für die Intonationmuster im ↗ Endlauf der Sprechmelodie einer Wortfolge. ↗ Intonation, terminal, interrogativ, progredient

Kehlkopfknacklaut – ↗ Neueinsatz

Komposita – zusammengesetzte Wörter. Komposita können aus zwei oder mehr Gliedern bestehen. Man unterscheidet Komposita aus ↗ Grundwort und Bestimmungswort (Determinativkomposita) und Aneinanderreihungen von gleichrangigen Wörtern (Kopulativkomposita). Die Art der Zusammensetzung entscheidet über die Akzentuierung. Der ↗ Hauptakzent liegt in Aneinanderreihungen auf dem letzten Glied, in Komposita aus Grund- und Bestimmungswort auf dem Bestimmungswort. Alle anderen Glieder haben, sofern sie mehrsilbig sind, einen Nebenakzent.

Konsonant – Sprachlaut, der sich nach der Bildung, dem Klang und der Verwendung von einem Vokal unterscheidet. Verschluß- und Engebildung im Mund sind die kennzeichnenden Artikulationsmerkmale. Zu den Konsonanten zählen die nur mit Geräusch gebildeten Laute (stimmlose Explosive und Frikative sowie der Hauchlaut), die mit Klang und Geräusch gebildeten Laute (stimmhafte Explosive und Frikative) und Konsonanten, die nur mit Klang gebildet werden (Nasale, Liquide). Konsonanten können im allgemeinen ohne Vokal keine Silbe bilden. ↗ Explosive, Frikative, Nasale, Liquide, Silbe

Konsonantenhäufungen – Kombinationen von Konsonanten, die entweder zum Wortstamm gehören oder durch Flexion beziehungsweise Zusammensetzung entstehen: *kä**mpf**en, (du) kä**mpfst**, Ka**mpfpl**atz.* Zahl und Art dieser Konsonantenhäufungen sind für eine Sprache besonders charakteristisch. Sie erfordern vom Lernenden meist große Aufmerksamkeit.

Laut – kleinstes Element der Sprache und des Sprechens. Für den Sprachlaut, den Laut als Element des Sprachsystems, wird auch der Begriff Phonem verwendet. Alle Phoneme, die für eine Einzelsprache ermittelt worden sind, bilden zusammen das Phonemsystem dieser Sprache. Gegensatz: Sprechlaut (↗ Allophon). Die Phoneme werden nach sprachspezifischen Regeln miteinander kombiniert. Sie bilden dadurch die Lautkörper der Wörter. Wird ein Wort gesprochen, so werden seine Phoneme mit Sprechlauten wiedergegeben d. h. die Phoneme werden „realisiert“. Bei dieser Realisierung werden die Sprechlaute aber einander angeglichen. Je nach der Lautumgebung verändert sich ihre Form. Manche Sprechlaute (z. B. der Murmelvokal) fallen unter bestimmten Bedingungen auch aus. Für jedes Phonem gibt es folglich mehrere, manchmal viele Sprechlaute. Beim Schreiben werden deshalb nur die Phoneme, nicht die Allophone mit Buchstaben dargestellt. ↗ Laut-Buchstaben-Beziehungen

Laut-Buchstaben-Beziehungen – Regelsystem für die schriftliche Wiedergabe der Phoneme mit Hilfe von Buchstaben. Dieses Regelsystem ist sprachspezifisch. Es gibt Sprachen (z. B. das Finnische), in denen für ein Phonem meist nur ein Buchstabe (oder eine Buchstabenverbindung) zur Verfügung steht. Im Deutschen gibt es für die meisten Phoneme zwei Wiedergabemöglichkeiten. Im Englischen dagegen sind die Beziehungen komplizierter. Hier können die meisten Phoneme mit fünf und mehr Buchstaben oder Buchstabenverbindungen ausgedrückt werden. ↗ Laut

Lautreduzierung – Abschwächung der Artikulationsmerkmale für einen Laut, meist unter dem Einfluß anderer Laute und abhängig von der Akzentuierung. Lautreduzierungen können verschieden stark sein und bis zum Verschwinden eines Lautes führen (↗ Elision). ↗ Assimilation

Lautumgebung – Laute, die einem beobachteten Laut vorausgehen oder ihm nachfolgen und oft Einfluß auf seine Bildung haben. Zur Lautumgebung gehören auch die Sprechpausen. Sie haben ebenfalls Einfluß auf die Lautbildung. So sind Leniskonsonanten nach Sprechpause stimmlos. ↗ Assimilation, Stimmhaftigkeit, Stimmlosigkeitsassimilation

Lautverbindung – im engeren Sinne Bezeichnung für ↗ Diphthonge und ↗ Affrikaten. Im weiteren Sinne wird darunter jede Lautfolge verstanden, die im Deutschen möglich oder für Phonetik und Sprachunterricht von Bedeutung ist.

lenis – schwach gespannt, Gegensatz: ↗ fortis. Bei der Bildung von ↗ Explosiven und Frikativen geringe Anspannung der Artikulationsmuskulatur, so daß die Laute nur schwach geräuschhaft sind und nach stimmhaften Lauten stimmhaft werden können. Nach Sprechpause und stimmlosen Lauten sind sie aber ↗ stimmlos. ↗ Stimmhaftigkeit, Stimmlosigkeitsassimilation

Leniskonsonanten – ↗ lenis

Lippenrundung (Lippenstülpung) – Artikulationsmerkmal, das für mehrere Vokale der Standardaussprache charakteristisch ist. Betroffen sind alle mit der Hinterzunge gebildeten Vokale. Bei den mit der Vorderzunge gebildeten Vokalen gibt es zwei Reihen: eine Reihe Vokale ohne und parallel dazu eine Reihe Vokale mit Lippenrundung. ↗ Vokale

Liquide – Bezeichnung für die Konsonanten [l] und [r]. Da [r] aber in diesem Material als Reibe-R beschrieben wird, muß es auch zu den Reibelauten (↗ Frikativen) gezählt werden.

Literatursprache – ↗ Schriftsprache

Melodie, Melodisierung – Tonhöhenbewegung der Stimme innerhalb eines Satzes; Hauptmerkmal der Intonation. Die Melodie ist vor allem für die Kennzeichnung der Akzentstellen und am Ende eines Satzes von Bedeutung. ↗ Intonation, Intonem, Endlauf

Minimalpaar – Gegenüberstellung von zwei Wörtern, die sich nur in einem Laut bzw. Merkmal unterscheiden. Mit Hilfe der Bildung von Minimalpaaren werden die Phoneme (Sprachlaute) ermittelt. Praktisch wird in einem Wort ein Laut durch einen anderen ausgetauscht. Entsteht hierbei ein neues Wort, dann können die beiden beteiligten Laute als Phoneme bewertet werden: ['baːtən] gegenüber ['boːtən]. Wird dagegen im Wort *baten* nur ein helleres A gegen ein dunkleres dialektal gefärbtes A ausgetauscht, dann entsteht kein neues Wort. Demzufolge müssen die beiden A-Laute als zwei Allophone eines Phonems bewertet werden. Minimalpaare ergeben sich auch für den suprasegmentalen Bereich, z. B. *August – August* oder *Kommen Sie mit! – Kommen Sie mit?*

Murmelvokal – Bezeichnung für denjenigen Vokal, der mit geringer Mundöffnung, halbhoch aufgewölbter Zunge und ungespannter Artikulationsmuskulatur gebildet wird. Im Deutschen wird er nur in den akzentlosen Vor- und Nachsilben verwendet und in Nachsilben häufig weggelassen. Weitere Bezeichnungen: Schwa-Laut, Reduktionsvokal, reduziertes E oder Zentralvokal. ↗ Silbe

Nasale – Klanglaute, bei deren Artikulation die Mundpassage geschlossen und der weiche Gaumen gesenkt wird. Der im Kehlkopf gebildete Stimmklang strömt folglich vom Rachenraum her in die Nase und erhält hier den charakteristischen nasalen Klang. Das Deutsche kennt 3 Nasale, die durch den unterschiedlichen Verschluß im Mundraum gekennzeichnet werden.

Nebenakzent – ↗ Hauptakzent, Komposita

Neueinsatz – allgemein phonetisches Signal für eine Grenze zwischen Wörtern oder Silben. Im engeren Sinne wird als Neueinsatz (Zeichen: |) das Einsetzen der Stimmlippenschwingungen bei einem Vokal bezeichnet, der am Beginn einer Silbe oder eines Wortes steht und an einen vorausgehenden Vokal oder Konsonanten gebunden werden könnte: *be* | ***a**chten, (das) eß* | ***i**ch.* Dabei können die Stimmlippen allmählich, weich und sanft oder mit dem Verschluß der Stimmlippen und nachfolgender Sprengung zu schwingen beginnen. Das bei der Sprengung entstehende leise Explosionsgeräusch wird auch als Kehlkopfknacklaut bezeichnet. Es ist im Deutschen jedoch kein selbständiger Laut. Bei langsamem und sorgfältigem Sprechen wird der Neueinsatz häufiger gebraucht, besonders wenn der Vokal zu einer akzentuierten Silbe gehört. Beim schnellen Sprechen wird er dagegen oft nicht beachtet.

offene Silbe – Silbe, die auf Vokal endet: *ha – ben.* Im Gegensatz dazu endet eine geschlossene Silbe auf Konsonant: *hal – ten.* ↗ Silbe

offene Vokale – Im Unterschied zu den geschlossenen Vokalen werden die offenen Vokale mit etwas größerer Mundöffnung, etwas geringerer Hebung des Zungenrückens und etwas weniger gespannter Artikulationsmuskulatur gebildet. Dies bewirkt einen deutlichen Klangunterschied zwischen den offenen und den entsprechenden geschlossenen Vokalen. Für die Standardaussprache ist dieser Unterschied charakteristisch. Mit Ausnahme des langen offenen [ɛː] sind im Deutschen die geschlossenen Vokale lang. Die offenen Vokale sind kurz. In Pronomen, Artikeln, Präpositionen und Konjunktionen, die einen langen geschlossenen Vokal enthalten, wird der Vokal oft gekürzt oder als kurzer offener Vokal gesprochen. Das geschieht, wenn diese meist nichtakzentuierten Wörter schnell gesprochen werden. ↗ akzentzählend

Pausierung – ↗ Gliederung

Phonem – Sprachlaut, kleinstes wortunterscheidendes Element des Sprachsystems. ↗ Laut

Phonetisches Zeichen – ↗ Transkription

progredient – weiterweisend. Verwendet für den schwebenden Melodieverlauf am Ende einer Wortfolge. Dieser zeigt an, daß eine Äußerung noch nicht abgeschlossen ist und ergänzt werden soll. ↗ Intonation, Intonem, Endlauf

Qualität – Bezeichnung für die Klang- oder Geräuschfarbe der Laute. Der Begriff Qualität wird für das Deutsche vor allem verwendet, um die Klangbesonderheiten der geschlossenen und offenen ↗ Vokale zu benennen.

Quantität – Bezeichnung für die Lautdauer

Reduktion – ↗ Lautreduzierung, Assimilation

Reibe-R – als Reibelaut (↗ Frikativ) gebildete Form des R. Dieser Laut wird im Süden des deutschen Sprachgebiets auch als Zungenspitzen-R mit einem Vibrieren der Zungenspitze oder als Zäpfchen-R mit Vibrationen des Zäpfchens gebildet. Nach langen Vokalen und in den Vorsilben *er-, her-, ver-, zer-* sowie der Nachsilbe *-er* wird das R jedoch vokalisiert, das heißt, statt eines Konsonanten wird ein Vokal gesprochen. Es handelt sich um einen dunklen Hinterzungenvokal, der im Vokalviereck zwischen [a], [ɔ] und [ə] liegt. In der Nachsilbe *-er* wird statt der Silbe [ər] immer nur dieser Vokal gesprochen, in den genannten Vorsilben ist dies meist der Fall.

Reibelaute – ↗ Frikative

rhythmisches Muster – beim Sprechen häufig gebrauchte Gruppierung von akzentlosen oder akzentschwachen Silben und Wörtern um eine kräftig akzentuierte Silbe. Rhythmische Muster können mit metrischen Versmaßen verglichen werden. Die einzelnen rhythmischen Muster unterscheiden sich durch die Position des Akzentgipfels innerhalb der Silbenfolge. ↗ Rhythmus

Rhythmus, Rhythmisierung – Gliederung des Sprechflusses durch den sich wiederholenden Wechsel von akzentuierten und akzentlosen Silben (und Wörtern). Wiederkehr von Akzentstellen in annähernd gleichen Abständen. Im Deutschen wird der Rhythmus dadurch geprägt, daß die Akzentstellen intonatorisch sehr stark ausgezeichnet werden, während die akzentlosen Silben daneben deutlich abfallen und flüchtiger artikuliert werden. Akzentlose Silben werden deshalb häufig reduziert. ↗ akzentzählend

Satzakzent, Satzakzentuierung – Betonung einzelner Wörter in der Äußerung durch kräftige Hervorhebung der jeweiligen Wortakzentsilben mit intonatorischen Mitteln. ↗ Wortakzent.

Schriftsprache – geschichtlich entwickelte, allgemein akzeptierte und uneingeschränkt gültige (geschriebene und gesprochene) Form der Sprache mit hohem kulturellem Anspruch. Als geschriebene Sprache wird sie im gesamten Sprachgebiet weitgehend einheitlich gebraucht. Sie wird deshalb auch als Literatur- oder Standardsprache bezeichnet. Ihr entspricht die ↗ Standardaussprache. In der mündlichen Kommunikation wird die Schriftsprache vielfach als ↗ Umgangssprache gebraucht. Sie nimmt dabei Besonderheiten an. Auffällig an den Umgangssprachen sind vor allem die unterschiedlichen Ausspracheformen.

Schwa-Laut – ↗ Murmelvokal

seitlicher Engelaut – Bezeichnung für den stimmhaften Konsonanten [l], der zur Gruppe der Liquide gehört. Sein Klang entsteht in einer Enge zwischen dem rechten oder linken seitlichen Zungenrand und den Backenzähnen. In der Standardaussprache muß diese Enge mehr vorn gebildet werden, sonst wird der Laut verdunkelt.

Silbe – sprecherische Gestaltungseinheit des Wortes, Element der Rhythmisierung. Eine Silbe wird an einem Lautheitsgipfel erkannt. Dieser Gipfel wird im allgemeinen durch einen Vokal gebildet. Fällt in den Endungen *-en*/*-el* der ↗ Murmelvokal aus, so können auch die Nasale oder der L-Laut einen solchen Lautheitsgipfel tragen und somit eine Silbe bilden. Die Silbengrenzen werden beim langsamen silbischen Sprechen erkennbar. Dieses Sprechen ist bei Kindern zu beobachten, die Abzählreime aufsagen. ↗ offene Silbe, geschlossene Silbe

silbenzählend – Bezeichnung für Sprachen, in deren Sprechrhythmus jede Silbe gleichgewichtig behandelt wird. Im Gegensatz zu den akzentzählenden Sprachen spielt in den silbenzählenden Sprachen der Unterschied zwischen akzentuierten und akzentlosen Silben eine untergeordnete Rolle. Zu den silbenzählenden Sprachen gehört z. B. das Französische und das Italienische. Gegensatz: ↗ akzentzählend

Sprachlaut – kleinstes Element des Sprachsystems, in der Sprachwissenschaft als Phonem bezeichnet. ↗ Laut

Sprechlaut – Einheit des Sprechens; in der Sprachwissenschaft als Allophon bezeichnet. Steht im Sprechprozeß für einen Sprachlaut (Phonem). ↗ Laut, Artikulation, Assimilation

Sprechmelodie – ↗ Melodie, Intonation

Sprechrhythmus – ↗ Rhythmus

Standardaussprache – die als allgemeingültig, kultiviert und überall verständlich bewertete Ausspracheform für das Deutsche. Sie unterscheidet sich deutlich von den Ausspracheformen der ↗ Dialekte und ↗ Umgangssprachen. Die Standardaussprache ist vor allem auf der Bühne, im Funk und Fernsehen sowie weithin in der Öffentlichkeit gebräuchlich. In der Schule sowie im Fremdsprachenunterricht Deutsch ist sie das Unterrichtsziel. Im Süden des deutschen Sprachgebiets werden Varianten der Standardaussprache verwendet

Stimmhaftigkeit – allgemein Bezeichnung für den möglichen Stimmanteil bei der Lautbildung; charakteristisch für die Klanglaute. Zu diesen zählen die Vokale, die Nasale und der L-Laut. Bei den ↗ Explosiven und ↗ Frikativen können im Deutschen nur die Lenis-Laute stimmhaft sein. Sie sind es, wenn ein Klanglaut vorausgeht: *mein **B**rot.* Geht dagegen eine Sprechpause oder ein stimmloser Laut voraus, so werden die Lenis-Reibelaute und die Lenis-Verschlußlaute stimmlos gesprochen: *das **B**rot.* Die Fortiskonsonanten sind immer stimmlos. ↗ Stimmlosigkeitsassimilation

Stimmlosigkeit – Merkmal der Fortis-Explosive und der Fortis-Frikative

Stimmlosigkeitsassimilation – Angleichung von Leniskonsonanten an vorausgehende stimmlose Fortiskonsonanten. Im Deutschen sind die Leniskonsonanten in dieser Position immer stimmlos. Es handelt sich um eine progressive Assimilation: Der vorausgehende Laut beeinflußt den folgenden Laut. Eine umgekehrt wirkende Stimmhaftigkeitsassimilation (der vorausgehende Fortislaut wird stimmhaft: *da**s** Brot)* ist im Deutschen fehlerhaft. ↗ Assimilation

terminal – abschließend. Verwendet für den fallenden Melodieverlauf am Ende einer Wortfolge. Dieser Melodieverlauf zeigt an, daß eine Äußerung abgeschlossen ist. ↗ Intonation, Intonem, Endlauf

Transkription – Verschriftung des Gesprochenen mit einem festgelegten Inventar phonetischer Zeichen. Ein bestimmtes phonetisches Zeichen steht immer nur für einen Laut. Im vorliegenden Material wird das System der IPA (International Phonetic Association) verwendet.

Umgangssprache – in einer größeren Region des Sprachgebiets gebrauchte mündliche Variante der ↗ Schriftsprache. Lexikalisch, grammatisch und stilistisch weichen die meisten Umgangsprachen nur unerheblich von der Schriftsprache ab. Um so stärker sind dagegen die Abweichungen der Ausspracheformen von der Standardaussprache. Im deutschen Sprachgebiet gibt es etwa 18 Umgangssprachen. Ihre jeweilige Ausspracheform beruht weitgehend auf den phonetischen Formen derjenigen ↗ Dialekte, die vor der Entwicklung der betreffenden Umgangssprache in deren Verbreitungsgebiet gesprochen wurden. Untereinander unterscheiden sich die einzelnen Umgangssprachen in erster Linie durch ihre Aussprache.

Verschlußlaute – ↗ Explosive

Vokal – Mundöffnungslaut. Die verschiedenen Vokalklänge entstehen dadurch, daß der Resonanzraum des Mundes durch die Stellung der Zunge, der Lippen und des Unterkiefers verschieden geformt wird. Im Gegensatz zu mehreren anderen Sprachen kennt das Deutsche keine Nasalvokale, die mit Beteiligung der Nasenhöhle hervorgebracht werden. Vokale sind Silbenträger. Sie können auch ohne Konsonant eine Silbe bilden: *The – **a** – ter.*

Vokalneueinsatz – ↗ Neueinsatz

Vokalviereck – Schema der Vokalartikulation. Es verdeutlicht die Bewegung des vorderen-, mittleren und hinteren Zungenrückens in Richtung auf den Gaumen. Außerdem wird der unterschiedliche Abstand zwischen Zunge und Gaumen gezeigt. Dieser Abstand hängt von der Kieferöffnung und von der Zungenlage ab. Bezüglich der Zungenlage unterscheidet man Abflachung, halbhohe Aufwölbung und hohe Aufwölbung.

weicher Einsatz – ↗ Neueinsatz

Wortakzent, Wortakzentuierung – Hervorhebung einer Silbe im Wort als Akzentstelle. Die Festlegung dieser Stelle erfolgt nach Regeln, die für jede Sprache spezifisch sind. Im Deutschen wirkt die Wortakzentuierung nur in wenigen Fällen wortunterscheidend, z. B. ist die Unterscheidung von trennbar und untrennbar zusammengesetzten Verben; Akzent auf der ersten Silbe: *ụmfahren (ich fahre den Baum um)* – Akzent auf der Wortstamm: *umfahren (ich umfahre den Baum).* In der Äußerung wird die Akzentsilbe gegenüber den anderen Silben phonetisch abgesetzt. Sie hebt sich meist melodisch sowie durch vergrößerte Lautstärke, Dehnung und präzisere Artikulation von den benachbarten Silben ab.

Zäpfchen-R – ↗ Reibe-R

Quellenverzeichnis für Texte und Abbildungen

Texte:

Abraham a Santa Clara: Ein Hui und ein Pfui auf die Welt. Paul Pattloch Verlag. Aschaffenburg 1986.
Balzer, H. (Hrsg.): Wilhelm Buschs Spruchweisheit. Greifenverlag. Rudolfstadt 1985.
Batt, K. (Hrsg.); Lichtenberg – Aphorismen, Essays, Briefe. Dieterich'sche Verlagsbuchhandlung. Leipzig 1970.
Beyer, H. u. A.: Sprichwörterlexikon. VEB Bibliographisches Institut. Leipzig 1984.
Blüthgen, V.: Die fünf Hühnerchen. In: Reime – Gedichte – Geschichten für den Kindergarten. Verlag Volk und Wissen. Berlin 1977. S. 126.
Brecht, B.: Pfingsten . . . In: Alphabet © Suhrkamp Verlag. Frankfurt/M. 1967.
Brentano, F.: Stecknadel und Nähnadel. In: Rätsel der Weltliteratur. Ausgewählt und herausgegeben von H. Bauer. Koehler & Amelang Verlags-GmbH. Leipzig 1980. S. 48.
Buhr, M. (Hrsg.): Weisheiten. Zeugnisse philosophischer Weisheit aus zweieinhalb Jahrtausenden. Leipzig 1986.
Busch, W.: Zwiefach sind die Phantasien. Erzählungen, Gedichte, Autobiografie. Reclam. Leipzig 1979.
Buscha, J. u. A.: Wortspielereien. VEB Bibliographisches Institut. Leipzig 1986.
Chamisso, A. v.: Reise um die Welt. Rütten & Loening. Berlin 1985.
Dahme, Th. Chr.: Ich werde arg vernachlässigt . . . In: Leipziger Volkszeitung, 22. 3. 1991.
Deutsches Gedichtbuch. Zusammengestellt von U. Berger und G. Deicke. Aufbau-Verlag. Berlin und Weimar 1972.
Dietze, A. und W. (Hrsg.): Treffliche Wirkungen. Anekdoten von und über Goethe. 2 Bände. Aufbau-Verlag. Berlin und Weimar 1987.
Eichendorff, J. v.: Mondnacht. In: Häckel, M. (Hrsg.): Eichendorffs Werke. Aufbau-Verlag. Berlin und Weimar 1986. S. 97.
Erhardt, H.: Urlaub im Urwald. In: Das große Heinz-Erhardt-Buch. © Fackelträger-Verlag GmbH. Hannover 1970.
Fried, E.: Fall ins Wort. In: Gründe. Gedichte – Eine Auswahl aus dem Gesamtwerk. © Verlag Klaus Wagenbach. Berlin 1989.
Friedrich, H.: Ein Hase saß auf einer Bank . . . In: H. Cwojdrak/K. Pieper: Eine kleine Fledermaus . . . Ein Jahrbuch für Kinder. Der KinderBuchVerlag. Berlin 1981. S. 122.
Fühmann, F.: In der Kuchenfabrik / In dem Zwergberg. In: Die dampfenden Hälse der Pferde im Turm von Babel. © Der KinderBuchVerlag Berlin.
Gabrisch, A. (Hrsg.): Ich will euch was erzählen. Deutsche Kinderreime. Reclam. Leipzig 1980.
Goethe. Gesamtausgabe. Leipzig o. J.
Hacks, P.: Tageslauf. In: Seydel, H. (Hrsg.), Alles Unsinn. Deutsche Ulk- und Scherzdichtung von ehedem bis momentan. Eulenspiegel Verlag. Berlin 1974. S. 289.
Hebel, J. P.: Geschichten und Anekdoten. Berlin 1954.
Heine, H.: Vorrede zur 2. Auflage des „Buches der Lieder", 1837. In: H. Heine: Werke, Säkularausgabe. Berlin–Paris 1979.
Herold, G.: Federleicht. In: Mein Emil heißt Dackel. © Der KinderBuchVerlag Berlin.
Janke, J. (Hrsg.): Von armen Schnorrern und weisen Rabbis. Verlag Volk und Welt. Berlin 1983.
Jeß, H. (Hrsg.): H. Heine. Ausgewählte Werke in sechs Bänden. Reclam. Leipzig o. J.
Karpe, G.: Mit freundlicher Genehmigung des Autors.
Kästner, E.: Wieso Warum? Ausgewählte Gedichte. Aufbau-Verlag. Berlin und Weimar 1985.
Kirsch, R.: Ausflug machen. Gedichte. Rostock 1980.
Kögel, F. u. E.: Der Bratapfel. In: Reime – Gedichte – Geschichten für den Kindergarten. Verlag Volk und Wissen. Berlin 1977. S. 50.
Lusensky, H./Schreiber, H./Köhler, H. (Hrsg.): Bildergeschichten im Deutschunterricht für Ausländer. Verlag Enzyklopädie. Leipzig 1981.
Morgenstern, C.: Das ästhetische Wiesel/Der Rabe Ralf/Die zwei Wurzeln. In: Ausgewählte Werke. Bd. 1, hrsg. v. K. Schuhmann. Gustav Kiepenheuer Verlag. Leipzig und Weimar. S. 92, 97, 120.
Noack, K.-P. (Hrsg.): Paul, J.: Bemerkungen über uns närrische Menschen (1799). Gustav Kiepenheuer Verlag. Leipzig 1979.
Pachnicke, B. (Hrsg.): All mein Gedanken. Deutsche Volkslieder. Edition Peters. Leipzig 1980.
Pachnicke, B. (Hrsg.): Deutsche Volkslieder für Singstimme und Klavier. Edition Peters. Leipzig o. J.
Petersen, J. (Hrsg.): Schillers Werke. Weimar 1962 ff.

Reimann, P. (Hrsg.): Nestroys Werke in 2 Bänden. Aufbau-Verlag. Berlin und Weimar 1969.
Rennert, J.: Emma, die Kuh – und anderes dazu. Erzählungen und Geschichten in 64 Gedichten. Der KinderBuchVerlag Berlin.
Ringelnatz, J.: Im Park. © Diogenes Verlag, Zürich.
Roda Roda: Es gibt Tiere ... In: Seydel, H. (Hrsg.): Alles Unsinn. Deutsche Ulk- und Scherzdichtung von ehedem bis momentan. Eulenspiegel Verlag. Berlin 1974. S. 240.
Rodari, G.: Kopfblumen. 7×7 Gedichte für Kinder, übersetzt von J. Krüss © Agenzia Letteraria internazionale, Milano.
Rösler, A./Scheibel, H.: Die fröhliche Sprechschule. Halle/Saale 1954.
Roth, E.: Märchen/Sprichwörtliches/Zweierlei: In: Sämtliche Menschen. Carl Hanser Verlag. München 1983. S. 189, S. 35 und S. 171.
Ruika-Franz, V.: X-Jux. In: Das Holperstolperschnatterbuch. Verlag Junge Welt. Berlin 1989. S. 26–27.
Schulz, J. (Hrsg.): Lachen und lachen lassen. Eulenspiegel Verlag. Berlin 1974.
Schwitters, K.: Eile ist des Witzes Weile. In: Kurt Schwitters: Das gesamte literarische Werk. © 1973 Du Mont Buchverlag. Köln.
Sellin, W./Wolter, M.: Der neue Zwiebelmarkt. Gedichte. Eulenspiegel Verlag. Berlin 1988.
Seydel, H. (Hrsg.); Alles Unsinn. Deutsche Ulk- und Scherzdichtung von ehedem bis momentan. Eulenspiegel Verlag. Berlin 1974.
Spender, W.: Die Eisenbahn hat Stiefel an. Der KinderBuchVerlag Berlin.
Storm, T.: Inserat. In: Storms Werke in zwei Bänden, ausgew. und eingeleitet von P. Goldammer. Aufbau-Verlag. Berlin und Weimar 1979. S. 22.
Szkutnik, L. L.: In Deutsch erlebt. Panstwowe Wydawnictwo Naukowe. Warszawa 1986. S. 28.
Träger, K./Rudigkeit, H. (Hrsg.): Novalis. Dichtungen und Prosa. Leipzig 1975.
Uhu, P.: Ballade in -rch. In: Peter Uhu, Der Mensch erlebt sein blaues Wunder. Morgenbuch Verlag Volker Spiess. Berlin.
Unterm Tannenbaum. Ein Weihnachtsbuch. Berlin 1955.
Wawerzinek, P.: Grußbotschaften. In: Der neue Zwiebelmarkt. Gedichte, hrsg. von W. Sellin/M. Wolter. Eulenspiegel Verlag. Berlin 1988. S. 238.

Abbildungen:

Illustrationen auf S. 141, 142, 153 und 154 aus: Herluf Bidstrup In: Sellhorn, W.: Das dicke Bidstrup-Buch © Eulenspiegel Verlag, Berlin 1973.